MINISTÉRIO DO TURISMO E ÁGUAS DE MANAUS APRESENTAM:

BIOGRAFIAS COLABORATIVAS

2ª EDIÇÃO

COORDENAÇÃO EDITORIAL	MAITÊ FREITAS
PRODUÇÃO EXECUTIVA	JULIANA OSMONDES
CAPA E PROJETO GRÁFICO	TUNDRA STUDIES - KARINA ABICALIL E CLAUDIO PORTUGAL
DIAGRAMAÇÃO	CAROLINA MENEZES
REVISÃO	JANAINA RAMOS E RAFAELLA PAIM

Catalogação na publicação
Elaborada por Bibliotecária Janaina Ramos – CRB-8/9166

M488

Medeiros, Carla

Michelle: forjada pelo fogo / Carla Medeiros – 2. ed. – Rio de Janeiro: Sagre Consultoria, 2021.

(Biografias Colaborativas)

104 p.; 14 X 21 cm

ISBN 978-85-93615-04-7

1. Biografias de mulheres. I. Medeiros, Carla. II. Título.

CDD 920.72

Índice para catálogo sistemático
I. Biografias de mulheres

MI
CHE
LLE

FORJADA PELO FOGO

ESCRITO POR

CARLA MEDEIROS

PARTE DO PROJETO

BIOGRAFIAS COLABORATIVAS

2ª EDIÇÃO

Oralituras

Este livro é dedicado a todas as mulheres
que moram em periferias, empreendem, sonham,
sofrem, superam, conquistam, aprendem, resistem,
acreditam, recomeçam, lutam e inspiram.

Às Chays, Maíses, Michelles, Rutes e Vandas,
o nosso muito obrigado.

O PROJETO

BIOGRAFIAS COLABORATIVAS MANAUS

Cinco manauaras. Batalhadoras, empreendedoras, periféricas, incríveis. A vida delas daria um livro. E foi isso que a gente fez. A 2ª edição do projeto Biografias Colaborativas traz o brilho e a personalidade de mulheres inspiradoras.

Chay, Maíse, Michelle, Rute e Vanda agora têm suas histórias transformadas em livros – livros que terão o último capítulo em branco. E é você que vai ajudar a preencher estas páginas. É que toda a receita das vendas será direcionada ao negócio de cada empreendedora. Assim, elas poderão investir em seus sonhos e escrever mais que um final feliz, um recomeço feliz.

O que queremos com isso? Queremos que outras mulheres vejam, se inspirem e corram atrás dos seus sonhos. Que acreditem que é possível empreender e ter uma história de sucesso na periferia. Essas cinco manauaras acreditaram e chegaram até aqui. E vão chegar muito mais longe.

PREFÁCIO

MULHERES MÚLTIPLAS E TRANSFORMADORAS

Escrever o prefácio de um livro sobre mulheres empreendedoras é quase tão intenso quanto falar da Amazônia. Acho que por ser brasileira, "caboquinha" e empreendedora trago a responsabilidade de chamar a atenção para essas histórias que serão reveladas por meio do projeto "Biografias Colaborativas". Cada biografia é única, tem a própria verdade e caminhos distintos, mas traz algo em comum: o acreditar que se pode realizar, seja por necessidade ou oportunidade.

Nos últimos meses, tive a oportunidade de conhecer um pouco mais sobre o negócio e a vida dessas brasileiras, que lutam, como tantas, para realizar seus sonhos. Tive momentos de inspiração e de transpiração, ao elaborarmos os planos de ação dos negócios que elas escolheram para colocar no mercado. Vou mencionar pelo menos uma característica de cada uma dessas cinco mulheres, que pode inspirar a tantas outras que querem ter o próprio negócio.

Começo pela Chay Santos, que traz a inquietude na sua fala e não mede esforços para usar a criatividade como um instrumento. Desde cedo, sabia que precisava romper barreiras e trouxe a autoconfiança como uma característica essencial para seguir como produtora de conteúdo no marketing digital.

Quando penso em Maíse Ribeiro, penso em alguém que tem a força do feminino e a transformação da mulher por meio da dança. Ela faz com que cada mulher revele a "deusa" que existe dentro de si e a força do empoderamento feminino. É encantador conhecer todos os elementos que a Dança do Ventre carrega e os benefícios que proporciona para a saúde física e mental.

A talentosa Michelle Leite é alguém que tem na alma o sonho de ser uma chef de cozinha reconhecida por uma culinária afetiva, baseada em memórias. Desde a infância, o gosto pela cozinha faz parte da vida da Michelle, e empreender tem trazido aprendizados e um mundo de novas oportunidades.

Uma história com grandes ondas pode ser revelada na vida de Rute Lima. Uma carioca que ousou recomeçar em um novo território, sem nenhum apoio financeiro ou emocional. Rute traz uma verdade tão profunda que pode deixar qualquer um estarrecido nos primeiros segundos de conversa. Sua narrativa e poder de argumentação demonstram um conhecimento profundo sobre o Direito e sobre a coragem para sobreviver, pois a vida exigiu muito.

Já Vanda Ortega carrega a história dos povos originários construída por resistência e luta, por meio de um negócio com foco na moda. As peças produzidas com os grafismos, pintadas à mão, transmitem originalidade e possibilitam uma conexão com a sociedade. Um trabalho que permite o fortalecimento de mulheres. Vanda tem uma verdade mágica e, ao mesmo tempo, encanta com a sua força e com a história de seus ancestrais.

Essas cinco histórias evocam coragem e podem impulsionar muitas mulheres na busca de construir o novo e de ter as suas vidas transformadas. Torço para que esse projeto possa continuar se perpetuando e que revele novas biografias com as nossas raízes brasileiras e a nossa etnodiversidade.

ROZANA TRILHA

PRESIDENTE DA ASSOCIAÇÃO ZAGAIA AMAZÔNIA

INTRODUÇÃO

Prestamos um serviço essencial para Manaus. Todos os dias, nosso trabalho faz a diferença na vida de mais de 2,2 milhões de pessoas que moram aqui. Um dos propósitos da Águas de Manaus é ir além da simples prestação de serviço. Nosso objetivo é construir boas relações com a cidade, ouvindo e conhecendo quem são as pessoas que fazem uma metrópole do tamanho de Manaus funcionar.

Ao buscar visibilidade para histórias inspiradoras na maior cidade do Norte do Brasil, o projeto "Biografias Colaborativas" encontrou uma conexão com os valores que a companhia aplica em seu dia a dia. As cinco empreendedoras selecionadas mostram que Manaus é uma cidade que está sempre de braços abertos, acolhendo a todos de maneira calorosa. Ao mesmo tempo em que busca crescimento constante, o manauara é um povo que nos ensina grandes lições diariamente.

Desde que o projeto nos foi apresentado, sabíamos que o "Biografias Colaborativas" tinha a cara da Águas de Manaus. Ao transformar as histórias de mulheres como Vanda, Rute, Chay, Michelle e Maíse, queremos nos tornar multiplicadores de oportunidades. Nosso intuito é que os livros despertem emoções e sejam fontes de inspiração para o sucesso do maior número possível de pessoas.

Agradeço à sensibilidade e ao envolvimento de nossas cinco biografadas com o projeto. Manaus merece conhecer essas histórias. Também agradeço ao Ministério do Turismo, NBS SoMa, Sagre Consultoria e Secretaria Especial da Cultura pela parceria. Boa leitura!

THIAGO AUGUSTO TERADA
DIRETOR-PRESIDENTE DA ÁGUAS DE MANAUS

SUMÁRIO

APRESENTAÇÃO DA AUTORA — PG 19

01 UM PEQUENO BEBÊ — PG 21

02 NA ESTRADA DA PONTA NEGRA — PG 29

03 PROTEGIDA — PG 39

04 UMA LONGA NOITE PG 51

05 CAMINHO NO DESERTO PG 61

06 UMA COLHER DE CORAGEM PG 71

07 MAMÃE NUNCA MAIS VAI EMBORA PG 79

08
A RECEITA DE UM SONHO
PG 89

09
ESCOLHIDA
PG 95

10
O CAPÍTULO DE AREIA
PG 99

ESCRITO POR
CARLA MEDEIROS

MI
CHE
LLE

FORJADA PELO FOGO

"Permita que eu fale não as minhas cicatrizes. Elas são coadjuvantes, não, melhor, figurantes que nem devia tá aqui."

Emicida - AmarElo

Quem já esteve no caminho para a verdade, quero dizer, para a verdade de si, sabe que nem sempre é simples ou indolor. Imagine, então, ser convidado a narrar para outra pessoa a sua história. Todos os detalhes que compuseram a trama da sua vida, seus sofrimentos e alegrias, fracassos vergonhosos e conquistas gloriosas, registrados e expostos a quem quiser ler. Diga apenas a verdade. Mas até que ponto um texto pode abarcar a realidade dos inúmeros acontecimentos da vida de alguém? Também há verdade em omitir um fato para preservar a si mesmo ou alguém que ama? Estariam todos realmente dispostos a ler a sua verdade?

Michelle passou por muitos momentos dolorosos na vida, *isso* é verdade. Mas seria um desperdício, para dizer no mínimo, reduzi-la às dificuldades enfrentadas, ao mesmo tempo que as omitir seria não respeitar sua história. Michelle não é "guerreira", ou pelo menos não deveria precisar ser. Sua força e determinação fazem parte, em princípio, de quem ela é. A linha entre a romantização das dificuldades financeiras e a hipervalorização de uma ideologia da superação é tênue. Não se trata de pender para um lado e desconsiderar o outro, mas de ver a Michelle acima, além e antes de suas dores.

Michelle é uma mulher verdadeira em tudo o que faz, preza pela fidelidade a si mesma, à sua fé e aos seus sentimentos. Mesmo nos momentos em que os outros querem moldá-la em uma artificialidade conveniente, ela é real. Mulher de verdade, que empreende de verdade, alimenta pessoas de verdade, sonha de verdade, chora de verdade. Assim, sua biografia não poderia ser diferente: é verdadeira.

De modo que, quando imersas na autenticidade da história de uma mulher forte como Michelle, possamos caminhar nem que seja um passo a mais para perto de nós mesmas, livres da necessidade de qualquer mentira para agradar outros.

Apresento a vocês, então, a Michelle... De verdade.

CAPÍTULO

01

UM PEQUENO BEBÊ

Pra lá e pra cá, pra lá e pra cá.

Poderia ser o passo de uma dança indígena ou uma colher a mexer um bom caldo, mas era um bebê sendo embalado. Tão pequena, no meio do tecido grosso da rede, parecia uma boneca adormecida. "Psh, psh, psh, dorme, minha filha", ninava a mãe entre os muitos corinhos da harpa cristã que cantava, mas a menininha pouco chorava mesmo. De algum modo, Michelle parecia sentir que a mãe tinha outra criança pequena de quem cuidar, seu irmão mais velho, e queria lhe facilitar a vida. Não quis dar trabalho nem para nascer. Miúda que era, anunciou que vinha e logo veio, sem muita cerimônia.

Era 1986. Em fevereiro daquele ano o cometa Halley rasgava a escuridão do universo com sua calda brilhante, atraindo muitos olhos humanos ao céu. Famoso por ser o único cometa de curto período visível da Terra a olho nu, atraente porque só aparece em intervalos de 75 anos. Para os estudiosos e amantes de astronomia, aquele foi o acontecimento mais importante em décadas, sem dúvidas. Mas não para nós.

A história que interessa aqui começa alguns meses à frente, em setembro, mais precisamente às 18h do dia 18, uma quinta-feira. A bebezinha recém-nascida receberia o nome da atriz que interpretava o papel da Stephanie Zinone em "Grease 2". Mas a nossa Michelle não era Pfeiffer, era Farias Leite. Filha do seu Antônio e da dona Rosimeyre, um cearense de Fortaleza e uma amazonense de Itacoatiara.

Os desdobramentos que permitiram o encontro dos dois se deram de um modo muito particular no Norte. Isto é, ainda jovem, a mãe de Michelle parte de Autazes (cidade com pouco mais de 40 mil habitantes, no interior no Amazonas) com destino a Manaus, para fazer trabalhos domésticos na casa de uma tia. Esse deslocamento para a capital significava para as moças das cidades pequenas a promessa de um alargamento de horizontes, melhores oportunidades de estudo e trabalho, por exemplo. Mas a realidade para muitas delas era deixarem suas raízes, seus pais e cidades, para trabalharem em casa de família, fosse limpando ou cuidando das crianças, sem nenhuma remuneração justa. Uma espécie de regime escravocrata moderno do qual quase todo amazonense pode citar um caso.

Exatamente isso foi o que aconteceu com dona Meyre. Morando na casa da tia, localizada em um bom bairro, teve contato com toda a família do pai de Michelle, de quem era vizinha. Explorada e humilhada, pôde encontrar nesse homem o apoio que a figura masculina representa na sociedade em que vivemos. Esse apoio foi ainda mais representativo porque, além de inquilina, era uma jovem mãe com um bebê de três meses. Estudando em uma escola do Centro, conheceu um homem mais velho, policial, de quem engravidou de seu primeiro filho, irmão mais velho de Michelle.

Apaixonado, seu Antônio assumiu a paternidade do bebê, casou-se com dona Meyre e iniciaram uma vida juntos. Pouco tempo depois, em uma maternidade particular, nascia o nosso pequeno bebê. O recém obtido emprego do pai nos Correios, propiciava a estabilidade de um plano de saúde e maior conforto, imprescindíveis na época.

Michelle nasceu em Manaus, capital do Amazonas, cidade onde estão centralizadas as principais atividades econômicas do estado. Seus mais de dois milhões de habitantes vivem na margem esquerda do Rio Negro, cercados pela maior floresta tropical do mundo. A grandiosidade das riquezas naturais e os rastros arquitetônicos da presença dos europeus são características marcantes na também conhecida como "Paris dos Trópicos". O Teatro Amazonas, por exemplo, inaugurado 90 anos antes da Michelle nascer, em 31 de dezembro de 1896, é símbolo do ciclo da borracha, tendo a maior parte do material usado em sua construção e decoração importada da França, Escócia e Itália. Mas Michelle mesmo só foi pisar no mármore de Carrara das escadas depois de velha, como ela diz, aos 32 anos.

Coisa muito comum de acontecer porque há uma Manaus separada de toda essa opulência, desigualdade que é comum ao país como um todo. E se, ainda hoje, o sucateamento das maternidades públicas é uma realidade, a possibilidade de ter um plano de saúde, na Manaus do fim dos anos 80, era um privilégio. O parto rápido e quase indolor pelo qual Michelle chegou ao mundo foi facilidade que não seria comum para ela: "Nada na minha vida foi fácil", diz. Apenas alguns dias de nascida e já precisou voltar ao hospital, ficou duas semanas internada por causa de uma pneumonia.

"Michelle" deriva do hebraico "Mikha'el" (לַאָכִימ), junção dos termos "mikhayáh" e "El" e significa "quem é como Deus?". Mas a inspiração para o nome dos filhos de dona Rosy vinha mesmo de gente famosa.

A nossa Michelle – que não é Pfeiffer – tinha um irmão mais velho chamado Robert por causa da Júlia Roberts, de "Uma linda mulher". Depois dela ainda veio o Michel, homenagem a ninguém menos que o Rei do Pop, Michael Jackson. E o hall da fama só crescia na família Leite, pois viria um garoto de Liverpool finalizar a prole, o caçula Jhonleno.

A cada dois anos, Michelle ganhava um novo irmão e assim se tornou a única menina da casa. Crescer entre homens, com certeza, era um pouco solitário, além de algumas desvantagens práticas, mas também foi o que aproximou Michelle e sua mãe de uma forma muito íntima.

O laço de cumplicidade que se solidificaria durante muitos anos já surgia ali, na amizade singular existente entre mãe e filha, que compartilham a bênção e o peso de serem mulheres. Uma relação de sustento mútuo extremamente particular que, decerto, tem raízes fisiológicas, na formação uterina, mas a excede no instante em que é tecida pouco a pouco no afeto diário. Então, como boa cunhantã, Michelle passou boa parte dos dias de sua primeira infância na rede, embalando seus sonhos infantis na companhia da mãe.

Nesse sentido, pode-se dizer que rede social já existia aqui desde antes da chegada dos europeus e tinha um significado bem mais corpo a corpo, literalmente. Há registros históricos de que os incas e os maias também usavam redes, mas exclusivamente para transportar pessoas da realeza. Para os povos indígenas, no entanto, era um objeto indispensável a qualquer pessoa.

Pero Vaz de Caminha, lá em 1500, já descrevia em uma das suas cartas a presença delas nas casas que observava no meio da floresta. De modo que é um costume herdado dos primeiros habitantes destas terras, muito comum no Norte e Nordeste do país até hoje, fortemente enraizado, que está presente do início ao fim da vida, do embalo do bebê até a sepultura, quando não se tinha dinheiro para o caixão.

A mãe que balança o punho muitas vezes é a mão do banzeiro do rio, pois nas viagens de barco mais longas as pessoas se acomodam assim. É porque por essas bandas todo mundo era um pouco realeza também, filhos respeitosos da força da água, da imponência da floresta, os verdadeiros reis a regerem a vida do povo. E Michelle já chegou ao mundo se sentindo parte desse poder.

“Por essas bandas todo mundo era um pouco realeza também...”

Boa parte da força necessária durante os períodos difíceis da sua infância, e para muitos outros que viriam, dona Meyre, mãe de Michelle, encontrava na fé. Ela frequentava a igreja "Deus é amor", uma das muitas instituições religiosas que tomaram força com a ascensão do pentecostalismo no Brasil. Seguia a rígida doutrina e criava seus filhos segundo esses preceitos. Desde a infância, então, Michelle tinha o cristianismo como uma das características fundantes de sua identidade, inclusive no cabelão que não podia cortar.

O carinho e a cumplicidade protetiva da dona Rosimeyre embalaram a filha numa verdadeira redoma de amor, do tipo muito específico que só quem é mãe sabe fazer. E é justamente se embalando em uma rede, com um olhar distante, mirando as imagens meio turvas da memória, que Michelle conta a história da sua vida.

Conta a lenda indígena que a rede surgiu de um pedido do pajé Tamaquaré que, ao se casar com a irmã de um deus, não queria que sua amada esposa dormisse no chão, exposta aos perigos dos animais selvagens. Jurapari, o deus cunhado do pajé, ordenou que um tucano o ensinasse como fazer o objeto e o pássaro, obediente, trançou os cipós, pendurando-os pelas extremidades nos galhos mais altos de uma frondosa árvore.

No fim das contas, parece que esse era o desejo de dona Meyre, que através da rede, que é um pouco o colo da mãe que precisa cuidar da casa e dos outros filhos, queria proteger sua filha da maldade do mundo, da dor amarga que a vida às vezes impõe. Assumindo uma postura difícil, mas muito romantizada de heroína imbatível, fortaleza inabalável... Mas há dores das quais nem mesmo uma mãe assim pode proteger.

CAPÍTULO

02

NA ESTRADA DA PONTA NEGRA

Uma das paisagens mais grandiosas de Manaus é o Rio Negro. Literalmente grande, ele é o sétimo maior rio do mundo em volume de água. Observá-lo é também apreciar a privilegiada localização geográfica da capital do Amazonas. Cercada pela floresta amazônica igualmente majestosa, a sensação é de que tudo nesse lugar é gigantesco.

Em termos de turismo, o bairro da Ponta Negra é o que tem melhor vista para o imponente rio. Fica localizado na Zona Oeste de Manaus, tratando-se de uma das áreas mais luxuosas da cidade, com um IDH de 0,930, o que corresponde a uma qualidade de vida próxima à da Suíça, por exemplo. Lá estão situados condomínios de luxo e um dos principais cartões-postais da região, a praia que leva o mesmo nome.

Ao longo do que ficou conhecida como estrada da Ponta Negra, concentram-se inúmeras instalações do serviço militar. No entanto, foi só entre os anos de 2011 e 2012 que houve um processo de modernização do espaço, no qual a praia se tornou um imenso complexo turístico com calçadão, teatro e restaurantes inaugurados, o que tornou a localidade ainda mais valorizada.

Mas o processo de urbanização de Manaus não se deu de forma completamente regular. Nos anos 80, segundo o censo demográfico do IBGE, a população cresceu cerca de 104% em relação à década anterior. Inevitavelmente, esse *boom* demográfico se refletiu na forma como crescia a área urbana e, nesse período, a cidade se espalhava para todos os lados a olhos vistos. Em torno dos conjuntos habitacionais planejados, as ocupações espontâneas, mais conhecidas como "invasões", expandiam-se depressa, como se formiguinhas ensandecidas abrissem seus infinitos túneis labirínticos descontroladamente.

A casa onde Michelle morou na infância ficava em um loteamento na estrada da Ponta Negra. Loteamento é, basicamente, um espaço grande de terra dividido em lotes menores para serem vendidos, destinados à construção de moradias. Três mil cruzeiros foi a quantidade de dinheiro que o pai, seu Antônio, dispôs nessa aquisição. Comprado o terreno, construiu uma casa de um cômodo só. Lar para uma família de seis pessoas.

Junto a seus três irmãos, Michelle vivenciou uma realidade muito particular: era uma criança pobre bem no meio de um bairro majoritariamente de pessoas ricas. A casinha simples e a rua de barro em que moravam destoavam dolosamente dos prédios suntuosos com vista para o Rio Negro. Então, apesar de nunca ter faltado comida, foi como passar a infância e o início da adolescência em frente a uma vitrine cujos itens jamais poderia comprar.

A casa, embora tenha sido modificada lentamente com o passar dos anos, era bem simples. Sem qualquer privacidade, dormia todo mundo junto, os pais na cama de casal e os filhos em redes. As louças eram lavadas em um giral, banheiro era um luxo de que não dispunham, o que tinham era uma espécie de latrina coberta apenas por uma lona e mesmo os banhos eram ao livre. Também não havia muros entre os terrenos vizinhos.

Mas sendo a única menina em uma família com outros três irmãos, Michelle aprendeu rápido os muros que a sociedade impõe para as mulheres. Paredes que, ao contrário do que se possa pensar, não existem para protegê-las do mundo, mas para cercear suas potências, controlar suas identidades em nome de um moralismo misógino que intenta moldar indivíduos submissos. E muitas vezes esse ato de violência se dá de um jeito sutil, dentro do próprio ambiente doméstico, no seio da família. O conservadorismo que ditava as regras da casa não permitia que os filhos homens fizessem serviços tidos como femininos. Desse modo, mãe e filha se encarregavam de lavar as roupas e cozinhar para todos, por exemplo.

Uma das lembranças mais vivas dessa época é o sabão "Cutia". De cócoras, esfregando as pilhas imensas de roupas, passavam boa parte do tempo juntas, ocupadas com aquela atividade. Apesar de que, olhando em retrospecto, o tempo com a mãe já era precioso. Michelle tinha alergia e o corante vermelho da barra escorregadia parecia tingir também a carne que inflamava mais a cada trouxa. E, para além de dolorosas memórias, Michelle guarda sequelas dessa infância difícil: o esforço necessário a tanta roupa suja deixou uma fraqueza permanente em seu braço direito.

Pensando ainda por esse lado, parece que tudo tinha a parte boa e a ruim. Claro que nenhuma criança merece passar por dificuldades financeiras que prejudiquem a estrutura na qual estará assentada a formação da sua identidade, mas os entraves pareciam enriquecer a história de Michelle para torná-la alguém que não tem medo da vida. Como se cada tropeço fosse colocado ali a fim de incrementar a caminhada com reviravoltas inesperadas, declives comoventes e ápices emocionantes.

“Michelle vivenciou uma realidade muito particular: era uma criança pobre...”

Sobre caminhar, a propósito, os três irmãos entendiam bem. Como a casa da família ficava longe de tudo – supermercados e padarias principalmente – pão era aparição rara no café da manhã. A regra do desjejum era o cuscuz com leite que poderia ser armazenado o mês inteiro.

Eles estudavam no Nova Esperança, bairro consideravelmente distante dali, depois da Milharina de todo dia, arrumavam-se e faziam todo o trajeto a pé. Era quase uma hora de casa até à escola. Mas até da rotina cansativa às vezes vinham momentos engraçados.

"Lá vem o ônibus! Motoraaa, leva nós".

Naquela época, os ônibus ainda não tinham câmeras e quando o motorista estava de bom humor, parava e deixava a criançada ir de graça. Ficavam felizes que só. Eram levados até parte do caminho e dava para chegar com cheiro de banhados bem na hora do primeiro tempo.

Mas também havia os dias em que não tinha carona e aí o jeito era ir à pernada. A diversão ficava por conta das inúmeras árvores frutíferas no decorrer da estrada. Aqui e acolá paravam em um pé de manga, um jambeiro. Guardavam seus espólios na barra da blusa do colégio mesmo e iam dividindo entre si até chegar, comendo bem devagar para a felicidade durar mais.

Até a fatídica ocasião em que levaram uma carreira do pessoal do Conselho Tutelar. "Se a gente pegar vocês aqui de novo, vamos levar embora". Alegria de pobre, sabe como é...

*

Como o pai de Michelle é cearense, eles viajaram algumas vezes para Fortaleza durante a infância dela. Levados pelas vontades súbitas do seu Antônio que pedia transferência no emprego, eles vendiam todos os móveis, alugavam a casa e partiam rumo ao Nordeste. Da margem do rio para a margem do mar. Mas a primeira dessas viagens foi um pesadelo, lembra Michelle. Quem já viajou de barco sabe que tanto pode ser extremamente agradável quanto um poço de tédio, na melhor das hipóteses. Três horas apreciando a beleza do rio e se conectando com a natureza, tudo bem, ótimo. Porém, após 12 horas balançando no barco, já começa a dar aquela náusea irritante e a experiência perde a magia.

Agora, francamente, 30 horas com quatro crianças pequenas, banheiros comunitários e quase nada com o que se entreter, até o maior amante da Amazônia começa a pedir por terra firme.

E era essa a duração do trajeto de Manaus até Santarém, no Pará. Nesse ponto, pode-se até pensar que a família era afeita às andanças, chegaram a Fortaleza assim, de pouquinho em pouquinho. Um trecho de barco, outro de ônibus e, por fim, um de avião. Mas a realidade mesmo era que o parco orçamento e a ausência de planejamento eram os verdadeiros responsáveis por lançar os seis nessas aventuras loucas.

"Ah, viajou porque era rico. Não, mana, a gente não tinha condições de tá viajando, não. Viajava porque meu pai era doido e vendia tudo e a gente ia. Trabalhava, trabalhava e depois... Volta pra Manaus de novo".

E como a vida é essa caixinha de surpresas que nunca decepciona, logo na primeira viagem, absolutamente todas as malas foram extraviadas – para não dizer saqueadas – em algum lugar na homeopatia do trajeto. Chegaram lá com a roupa do corpo e nada mais. Morrendo de sede também.

Embora Michelle, em sua inocência de criança, não conseguisse entender por qual motivo alguém colocaria sal na água de beber, lagosta e caranguejo também não faziam sentido algum – duas horas batendo no bicho para comer dois tantinhos de carne. Só depois de umas quinze é que enchia o bucho. E, por falar nele, nem tudo era infelicidade, o prato preferido de Michelle era a buchada de bode que o pai preparava de um dia para o outro. Melhor ainda era o ritual de preparo. Tinha que ser tudo muito silencioso, se os parentes da casa ao lado ouvissem o chiado da panela de pressão rapidamente apareciam no parapeito da janela querendo saber o que era. "Nada não, tô fazendo meu feijão", seu Antônio dizia sério e todos riam atrás dele com a missão secreta da buchada.

O bairro onde eles moravam por lá era um lugar extremamente perigoso. Até tiroteio presenciaram. Mas a educação, segundo Michelle, era bem melhor do que a que tinha em Manaus. As médias necessárias para a aprovação nos semestres eram mais altas e demorou um tempo até as crianças se readaptarem àquele modelo. Foi em uma dessas viagens, então, que aprenderam a ler.

Eram muito dedicados, mas foi a metodologia da professora particular que fez toda a diferença, esteja registrado. Mesmo tendo estudado só até a quarta série, pois dedicou a vida à família, foi dela, dona Meyre, de quem veio a letra. As aulas eram improvisadas, apesar disso, ela sabia mais do que qualquer diploma pode ensinar. O mais rápido e eficaz dos métodos estava na palmatória com um furo do tamanho de uma moeda na ponta. Balançando na rede, ela perguntava: "B com A?". Se errasse, tomava um bolo. Uma semana e todos sabiam de cor até a família do Z.

*

Em 1994, um grupo muito específico de animais começou a circular livremente no país: era o beija-flor, a garça, a arara, a onça-pintada e a garoupa. Esse foi o ano em que o governo do então presidente Itamar Franco criou a moeda que substituiria o cruzeiro, na tentativa de reduzir a inflação que chegava a níveis recordes. As maquininhas de remarcar preço estavam fazendo hora extra nos supermercados e você podia não entender assim, tecnicamente, o que era inflação, mas qualquer um via que encher o carrinho era mais difícil a cada hora.

Nessa época, a família Leite ainda estava em Fortaleza. Retornaram dentro de alguns anos para a casinha da estrada da Ponta Negra, onde o pai abriu um pequeno comércio de bombom e outras miudezas. O dinheiro ganho ali pagava algumas das passagens de ônibus até a escola, e as tão sonhadas sandálias da Xuxinha foram também lucro desse comércio. A vizinha da frente havia prometido doar um par depois que a filha dela não quisesse mais usar, porém não foi necessário. A mãe de Michelle passou meses juntando moedinhas das vendas e comprou. Foi uma realização dupla, da mãe e da filha.

Em 1986, quando Michelle nasceu, também foi o ano em que estreou na TV o "Xou da Xuxa". A rainha dos baixinhos descia da nave espacial vestida com a sua roupa brilhante, seu pitó dourado e suas botas até o joelho. E dona Meyre, ao que parece, era fã das loiras. No aniversário de 12 anos de Michelle, ela preparou uma festa toda decorada com coisas da Barbie. Houve quem achasse que era muito tarde para um tema tão infantil, mas nenhuma delas se importou. Dona Meyre era mesmo uma mulher multitarefas, assim como a Barbie. Se havia uma festa, ela era Meyre Decoradora, se as bonecas de Michelle precisassem de roupa nova, ela era Meyre Estilista e ainda sobrava tempo para ser a Meyre Costureira.

Outro momento de felicidade da infância era em dezembro. Tudo tinha um brilho diferente de todos os outros meses, não só pelas luzes natalinas piscando, mas porque era a época em que a família inteira fazia a visita anual ao Amazonas Shopping para comprar as roupas de Natal e Ano Novo.

Comprar roupa nova é uma ação que movimenta a engrenagem da rotatividade de roupa na casa do pobre. Quer dizer, há as "roupas de sair", as de ficar em casa e as já muito puídas que estão a um passo de virar pano de chão. Quando chega uma roupa para abastecer essa primeira categoria, as de terceira linha seguem seu caminho para a limpeza e algumas de segunda assumem o seu posto até chegarem ao mesmo estágio de vida útil. No caso das compras da família de Michelle, a aquisição de novas "roupas de sair" tinha que ser ainda mais bem calculada. Isso significa dizer que as crianças deveriam escolher peças que pudessem ser reaproveitadas em janeiro, quando as aulas começassem. Foi assim que passaram muitos natais e *réveillons* de calça jeans e tênis preto.

Mas roupa nova é uma coisa que sempre deixa a pessoa feliz. Só o fato de botar um tecido com cheiro de novo, ainda engomado, e sair passeando pelo shopping com a família toda, vendo vitrines e tomando uma casquinha já valia a vida.

Para completar a alegria, ainda havia os presentes natalinos. Todo mundo já dormia com a expectativa de acordar na manhã do dia 25 sabendo que estariam lá. O Papai Noel meio diferente, misturado com fada do dente, não descia pelas chaminés, nem pegava molares, mas era igualmente eficiente, se bobear até mais.

Infalível era acordar e olhar embaixo da rede: embrulhados em papel colorido, laço e tudo, estavam os brinquedos mais legais do mundo inteiro.

CAPÍTULO

03

PROTEGIDA

Era uma vez, em um reino em que todos acreditavam ser muito distante, uma princesa. Alguém já havia escolhido seu nome e também ensinado quantos anos ela tinha. Mas, por ela mesma, ainda estava aprendendo sobre quem era de verdade. Todos os principais valores do reino tinham sido passados a ela. Respeite os mais velhos, não fale ou aceite doces de estranhos, diziam. E a sua vida, embora morasse em um castelo, era mais ou menos como a vida de qualquer outra menina, exceto por um pequeno detalhe: ela guardava um tesouro. Um que era só dela e de mais ninguém.

A princesa sabia que esse tesouro era muito especial, porque não era do tipo que moedas de ouro podiam comprar, mas achava que todo mundo ganhava o seu próprio ao nascer. E, no momento certo, quando a pessoa quisesse, poderia compartilhá-lo com outro alguém. Para ela, o nome disso era amor.

Mas, numa noite, pouco antes do seu aniversário de sete anos, a janela do quarto foi abrindo bem devagarinho, e se não fosse a fresta de luz que refletiu aumentada na parede à sua frente, nem teria percebido. Com a imaginação aguçada, típica das princesas, ela pensou que talvez fosse um ser mágico vindo deixar um presente. Temendo assustar a fadinha e perder o mimo, ela manteve os olhos fechados e ficou bem parada, fingindo ainda estar dormindo.

O coração batendo quase na garganta, ela esperou.

De repente, sentiu uma mão fria que tocava a ponta do seu pé. Poderia ter dado um pulo com o susto, mas, ao invés disso, paralisou em uma posição pétrea inescapável. O fino cobertor sobre ela parecia pesar quilos. O nome disso era pânico.

Apertou ainda mais os olhos, como que para acordar em um outro reino, um outro castelo, mas a mão agora subia até sua coxa. Logo ela percebeu que não era fada coisa nenhuma e sim um ladrão. Alguém que havia desperdiçado seu próprio tesouro de tal forma que não conseguia mais sentir amor.

E agora estava ali para roubar o dela.

Nas noites que se seguiram, a pequena princesa mal conseguia dormir, temendo que aquele ladrão horrível voltasse a tocá-la quando tudo estivesse escuro. Apertando, procurando, até chegar ao tesouro. Sempre acompanhado da escuridão, quando ninguém mais estava olhando, ele voltava para levar mais um pouquinho com ele.

Até que a pequena princesa, no reino que na verdade fica bem aqui, aprendeu que não é só de estranhos que se deve desconfiar. Teve seu tesouro roubado da forma mais dolorida e irremediável. A dor era tão grande que não parecia caber no seu pequeno corpo e ela sentia que aquele peso iria jogá-la pela janela da torre mais alta.

O tempo passou e ela cresceu, dia após dia encontrou formas de reconstruir seu tesouro. E hoje ela sabe que o nome daquilo era abuso infantil.

*

Michelle enfrentou muitas coisas difíceis durante a infância, mas talvez a pior delas tenha sido o abuso sofrido por um homem próximo à sua família. "É a protegida da mamãe", os irmãos diziam, mas não era assim que ela se sentia.

Infelizmente, ela entrou para uma estatística repulsiva de abuso infantil. Segundo os dados divulgados em 2020 do Disque 100, serviço que disponibiliza canais para denúncias de violação aos direitos humanos, foram realizadas mais de 95 mil denúncias de violência infantil, sendo que 14 mil desse total correspondem a abuso sexual. Os números ficam ainda mais alarmantes quando se atenta para os estudos que indicam uma considerável subnotificação de casos. E isso acontece pois o abusador, na maioria das vezes, é próximo do núcleo familiar e de confiança. Muito diferente do monstro estereotipado que figura no imaginário coletivo.

De acordo com o Ministério da Saúde, meninas de 10 a 19 anos estão entre as principais vítimas e os lugares mais recorrentes declarados nas notificações são, respectivamente, residência, escola e via pública. O suspeito, em 87% das denúncias, é do sexo masculino, e de idade entre 25 e 40 anos para 62% dos casos. De modo que, segundo essas informações, na rua ou dentro de casa, as mulheres não estão seguras, sobretudo na infância e adolescência.

Foi também por causa disso que Michelle decidiu se casar. Via no marido a possível proteção, a fuga. Pensava que, uma vez casada, nunca mais seria tocada sem seu consentimento. No entanto, traumas tão profundos como esse costumam acompanhar a vítima por boa parte da vida e ela sentia nas mãos ásperas do marido o fantasma do toque do abusador.

Isso tudo aconteceu quando ainda era muito jovem. Estava perto de fazer 14 anos quando, na igreja em que frequentava, conheceu o homem que seria o pai do seu primeiro filho. Participavam do grupo da mocidade e eram voluntários na limpeza do templo. Todos elogiavam o quanto aquele rapaz mais velho estava "fazendo a obra de Deus" tão diligentemente e isso chamou a atenção de Michelle. Tornaram-se amigos e ela contou para ele sua história, tudo pelo que estava passando e ele quis ajudar.

Depois de casados, mudaram-se para o sítio onde os pais do rapaz eram caseiros, um lugar chamado Jonasa, novamente retornando à estrada da Ponta Negra. As acomodações não eram muito diferentes do que já havia conhecido na casa dos próprios pais. Recém-casados, dividiam os poucos cômodos com outras quatro pessoas e era tudo muito rústico, banheiro improvisado coberto por lona e algumas telhas.

Mas a casa não era a única coisa que continuaria quase igual, os trabalhos domésticos eram ainda mais presentes. Agora ela cuidava do marido e se dedicava totalmente a ele, mal podia sair de casa, só ia à igreja e devidamente acompanhada. Nessa época, lembra-se de ter emagrecido cerca de 10kg.

Apesar de tudo, o sentimento, que tinha pouco do amor romântico, manifestava-se em uma espécie de gratidão, uma parceria e o relacionamento dos dois se manteve baseado nisso. Até que, aos 15 anos, Michelle engravidou. Seu corpo de menina parecia teimar em não aparentar a gestação. Mesmo aos cinco meses, apenas uma bolinha discreta despontava no meio da barriga. Algo de tragicômico no corpo de uma criança que gera outra.

Quando a gravidez chegou aos quatro meses e meio, teve uma infecção urinária tão severa que começou a urinar sangue. Foi ao hospital e descobriu que seu bebê poderia nascer prematuro. Por causa disso, os médicos receitaram a ela, além de antibióticos, quatro injeções de um medicamento indicado para amadurecer os pulmões do feto. Cada injeção custava, na época, R$90. O dinheiro emprestado só deu para comprar duas.

Saiu de lá e foi para a casa da mãe que estava de data marcada para mais uma das viagens à Fortaleza. Algum tempo depois, o orelhão da rua, de onde recebiam ligações importantes, tocou. Michelle correu para atender e a voz seca do outro lado da linha falava do Hospital e Pronto Socorro 28 de Agosto.

Dizia que seu marido, pai de seu filho, havia acabado de falecer.

*

O choque foi tão grande que Michelle desmaiou antes de conseguir responder. Dona Meyre foi ajudá-la, acalmou a filha e ligou novamente para o hospital. Soube, então, que o genro realmente estava internado, mas não morto, e se encontrava inconsciente após o procedimento de reanimação. 80% do seu corpo havia sido queimado após um acidente de trabalho. Ele era jardineiro e, enquanto podava uma imensa embaubeira, a árvore caiu sobre fios de alta-tensão que o eletrocutaram, deixando sua roupa colada à pele completamente derretida. Ele ficou internado por volta de um mês, passaram o *réveillon* daquele ano na ala de queimados do 28. Grávida, menor de idade, só conseguiu acompanhar o marido após uma discussão com o diretor do hospital.

Abalada com o acidente, recuperando-se de um quadro de infecção urinária, Michelle começou a perder líquido amniótico pouco tempo depois de toda essa confusão. Lembra-se perfeitamente: estava na sala da casa dos sogros, deitada no sofá, assistindo a novela mexicana "Maria do Bairro". Como amava a Thalia! Levantou-se para ir ao banheiro e, sentindo suas coxas molhadas, pensou: "Puta merda! Me mijei!". A sogra, dona Maria de Fátima, pediu que ela se aproximasse e percebeu que aquilo, na verdade, era o tampão mucoso. O que, em termos práticos, é uma secreção espessa cuja função é isolar e proteger o feto dentro do útero. Quando é expelido, geralmente significa que o trabalho de parto já está em estágio avançado.

Foram três dias perdendo líquido e muitos goles do chá de pimenta-do-reino tentando parir o menino. Quando a situação ficou insustentável, conseguiram uma carona para a maternidade e, na manhã do domingo do dia 8 de fevereiro de 2004, Maurício nasceu de uma cesariana.

O marido de Michelle ganhava um salário-mínimo, estava construindo uma casa para a família e a única coisa que sobrava no final do mês eram contas para pagar. O enxoval só seria comprado aos 45 do segundo tempo mesmo. Mas o bebê apressado foi praticamente expulso de campo. E ele não tinha uma fralda sequer. Mas, já disse o ditado, as crianças sempre trazem um pão debaixo do braço. Uma cunhada muito querida mobilizou parentes, vizinhos e conhecidos, arrecadando tantas roupas que ele só precisou de novas dois anos depois. De tudo o curumim ganhou de presente, da banheira às roupinhas.

Logo a maternidade se ergueu frente àquela menina.

Ainda recém-nascido, Maurício começou a ter convulsões ao mamar. Parecia muito errado um bebê tão pequeno tomando dez gotas de Gardenal todo dia. Os cabelinhos pretos foram quase completamente raspados para que a agulha de soro fosse inserida na sua cabeça, o resto do corpinho não tinha mais onde furar. Por causa desse procedimento médico, fluidos foram acumulando na parte frontal do crânio e o diagnosticaram equivocadamente com hidrocefalia em estágio inicial. Não acreditando naquilo, Michelle conta como jogou o vidro do remédio na parede do consultório médico, dizendo que o filho nunca mais precisaria daquele medicamento. E ele não precisou mesmo. Após essas complicações e um caso de pneumonia, foram idas e vindas no hospital. Maurício passou 13 dias internado, mas teve alta e cresceu saudável.

Era uma vida completamente nova, os primeiros dias com um recém-nascido são uma etapa de adaptação e muitas descobertas para todos os envolvidos. O corpo da mãe ainda tentando se reerguer depois de tanta confusão hormonal, e a privação de sono, para a maioria dos pais, é o maior desafio da maternidade nessa primeira fase. Descobrir-se responsável por outra pessoa que depende quase exclusivamente de você para ficar vivo é uma responsabilidade imensa. Requer estabilidade financeira, emocional, além de uma sólida rede de apoio.

Mas mesmo que todas as pessoas ao redor prestem suporte (o que muitas vezes não acontece), é comum que a maior carga esteja sobre os ombros e o peito da mãe. Nos primeiros seis meses é dela de quem vem a única fonte de alimento que o bebê precisa. E o estômago de um recém-nascido, ao completar um mês de vida, é só um pouco maior que um ovo. O que significa dizer que ele vai precisar mamar em um intervalo de, mais ou menos, três a quatro horas. E a mamãe precisa estar lá.

"Apesar de tudo,
o sentimento,
que tinha pouco do
amor romântico,
manifestava-se
em uma espécie
de gratidão."

Para Michelle, assim como para muitas outras mulheres, amamentar não foi um ato simples. Os folhetos de incentivo ao aleitamento materno, geralmente, retratam o momento mágico de conexão, com a mãe sorridente e seu olhar tenro para o pequeno bebê que lhe encara de volta, ambos envoltos em uma aura de amor em um lindo quarto pintado em tons pastel. E amamentar, realmente, é um ato lindo de amor e conexão maternal, mas, às vezes, também pode ser extremamente doloroso para a mãe.

Com pouca instrução e nenhuma experiência, Michelle não conseguia dar de mamar. Os bicos dos seus seios se encheram de calos, sangraram e, mesmo tendo muito leite, choravam mãe e filho sem conseguir fazer acontecer o que antes parecia ser algo instintivo. E se assim o era, então só podia ter algo de errado com Michelle. Não seria uma boa mãe. Seu filho não a amava. Ele a estava rejeitando... Certo?

Era assim que ela se sentia. Logo aprenderia que a culpa é um sentimento muito presente no maternar. Mas, ainda bem, o tempo passa e ambos aprenderam como lidar um com o outro e com essa nova vida. Michelle amamentou em livre demanda e, pelos primeiros seis meses, exclusivamente.

Não havia apenas tons pastel e momentos mágicos, foi difícil, mas também foi lindo. O colo, o carinho, as mãozinhas afoitas, os olhinhos que brilhavam ao ver a mãe. Michelle foi apresentada ao maior amor do mundo quando conheceu o filho. Sabia que faria qualquer coisa por ele. Depois de tudo pelo que passaram, parecia que os dias transcorreriam em paz dali em diante.

Mas quando Maurício comemorava seu aniversário de um ano, Michelle e seu marido se divorciaram e o pai de Maurício usou, junto à justiça, a informação de que ela havia sofrido um abuso para requerer a guarda integral do seu filho.

*

O vazio dos braços sem o filho deixou um espaço oco no peito de Michelle. Mas não nos seios. Quando foi afastada de Maurício, ele ainda mamava e a produção de leite não parou com a distância. Todas as vezes que ela o visitava nos finais de semana, ele aproveitava para mamar um pouquinho. O processo todo de separação era muito doloroso para ambos.

Embora nunca tenha sido impedida de vê-lo, sentia, constantemente, como se fosse uma visita. Porque era mesmo, no fim das contas. Visitava não apenas a casa do ex-marido, mas a vida do próprio filho. Sentia-se como alguém de fora que nunca estava de maneira integral a par do desenvolvimento dele. Mas, mesmo assim, sempre foi presente. Quando Maurício completou três anos, ela preparou um aniversário inteiro do Bob Esponja. Como que espelhando os gestos de amor que havia ela mesmo recebido em sua infância.

Michelle foi, novamente, readaptando-se à vida longe do seu primogênito. Não era de frequentar festas, mas alguns anos depois do divórcio foi convidada pela vizinha para ir à "Casa da Mamãe", um lugar em Manaus onde bandas de forró se apresentam. Lá, conheceu um rapaz que estava vestido com roupas de militar. Conversaram, trocaram números e depois começaram a se relacionar. Esse homem já tinha um filho e Michelle logo de cara se aproximou do menino, via nele algo do seu próprio bebê, pois a criança tinha exatamente a mesma idade que Maurício. Ela cuidava dele como se fosse seu e isso, de certa forma, aproximou o casal ainda mais.

Não tardou até o namoro se tornar algo sério e Michelle engravidar. E é bem por aí que as coisas começaram a mudar entre eles. Ela queria que a criança tivesse o mesmo nome do pai, mas até isso ele rejeitou. Disse que o filho não era dele e viajou a trabalho, deixando Michelle sozinha. Magoada, ela disse que Deus daria um nome ao seu filho, orou e foi ler a Bíblia. Abriu o livro exatamente no evangelho de Mateus, capítulo primeiro, versículo 23, no qual se podia ler: "Eis que a virgem conceberá e dará à luz um filho, e Ele será chamado de Emanuel, que significa 'Deus conosco'".

Sentiu enjoo em boa parte da gravidez e a única coisa que conseguia comer era jaraqui frito com salada. Emanuel, seu segundo filho, nasceu na noite do dia 13 de julho de 2008, de outro parto cesariano. E aquele bebê foi o sonho realizado, o filho que ela poderia cuidar, ensinar, acompanhar cada pequena mudança. "Meu pitbulzinho lindo...", ela dizia enquanto o ninava. Era como uma dádiva.

Depois do período de amamentação exclusiva, as mamadeiras estavam sempre cheias com caldinho quente de tambaqui cozido. A água do banho morno matinal, ela mandava buscar lá na nascente do rio. Cada detalhe era de amor, cuidado e proteção.

Quando o bebê fez três meses de nascido, ela começou a vender churrasco na frente de casa. Espetinho de carne, frango, com o prato de macarrão, farofa e vinagrete. Começou devagar, mas depois os vizinhos ficaram sabendo e a clientela cresceu lenta, mas irrefreadamente. Assava duas asinhas de frango e dava de mamar, enchia um pratinho de farofa com a mão esquerda e embalava o curumim com o braço direito. Era meio agoniado, mas o dinheiro até que já começava a aparecer. O negócio fez tanto sucesso que ela expandiu para oferecer também café da manhã.

E foi exatamente aí quando ela começou a sentir muitos enjoos.

Emanuel tinha pouco mais de um ano no mês em que o outro bebê nasceu, prematuro, de sete meses e meio, no dia 17 de junho de 2010. Ao descobrir a gravidez do caçula, que se chamaria Samuel Heráclito, precisou fechar o lanche. Quando Samuel completou dois meses, o marido foi embora de casa.

*

Se era a única menina entre os irmãos, agora Michelle também era mãe de três rapazes. O fato de ter sido abusada refletiu na forma como encarou a maternidade. Ela temia deixar os filhos por um segundo sequer, mas precisava trabalhar para mantê-los. Que escolha tem uma mãe em uma situação como essa? Conseguiu um emprego de vendedora em um camelô no centro da cidade e, além do café da manhã e a merenda da tarde oferecidos pela patroa, ganhava R$15 por dia. O salário baixo não era motivo para tristeza, deixava os filhos com uma vizinha e pegava o ônibus lotado todo dia "alegre e satisfeita" pela oportunidade de trabalhar.

Ao todo foram três cesáreas e uma laqueadura que ela implorou para o médico fazer. Afinal, ninguém quer operar uma mulher de 23 anos. A maternidade, no contexto em que se deu, foi mais um impulso para que ela buscasse as mais diversas formas para garantir a manutenção econômica da família. Experiência, inclusive, que representou as suas primeiras intenções de empreender.

Foi principalmente com os seus filhos que melhor pôde compreender, de verdade, a força e fibra da sua mãe. A admiração apenas cresceu e esse momento da vida de Michelle as aproximou ainda mais. Juntas, mãe e filha, descobriram o que significa ser mulher, o que significa ser mãe e como uma coisa não exclui a outra. Vivenciando os inúmeros sentimentos conflitantes que a transformaram irremediavelmente como pessoa, ela entendeu quanto de si a mãe precisou abrir mão para criar os filhos, quanto ela suportou por acreditar que era o certo a fazer.

Também por esse motivo, Michelle encontrava na presença dela seu farol e, nos seus gestos, abrigo. Havia algo de proteção no carinho da mãe e daí também restaram as suas mais felizes recordações. Dona Meyre era uma mulher de uma gargalhada única, onde chegava iluminava a tudo e a todos com a sua presença. Estar ao lado dela fazia parecer que as coisas dariam certo, que mesmo os sofrimentos mais insuportáveis têm um fim. Mas há noites tão escuras que conseguem até mesmo roubar a certeza de que o sol nasce.

CAPÍTULO

04

UMA LONGA NOITE

Não é preciso ouvir a história de Michelle por muito tempo para descobrir a importância e a massiva presença da sua mãe em toda a sua vida. Desde a infância, ela via em dona Meyre o seu maior referencial de força e determinação. As muitas horas compartilhadas na beira do giral lavando as roupas da família toda, além do fato de Michelle ser a única filha mulher, trançou um firme elo entre as duas.

A primeira vez que Michelle cozinhou foi aos oito anos, preparando um guisado. A mãe, de saída para algum compromisso que ela não consegue se lembrar, deixou dito que o frango estava descongelando em cima da pia e que quando voltasse ele deveria estar pronto.

"Mas mãe, como é que corta isso?"

"Na junta, Michelle. Te vira!"

"Mas o que é junta?"

"É isso aqui, sua égua". A mãe respondeu gargalhando e apontando para os próprios cotovelos e joelhos.

Mesmo sem saber direito o que era uma junta, deu certo. Michelle já havia visto a mãe repetir aquele processo muitas vezes e só foi seguindo os passos. Cortou, escaldou, passou limão, temperou com sal, colorau, pimenta-do-reino e alho. Quando a mãe voltou, não só encontrou pronto o prato principal, mas fumegavam no fogão os acompanhamentos: feijão, macarrão e arroz. Depois daquele dia, dona Meyre nunca mais cozinhou. O acordo ficou assim: uma no fogão fazendo a comida e a outra no giral lavando as louças.

Michelle montou todo um esquema de organização para as refeições da família. Quando chegava ao fim do mês, o pai vinha do açougue com as carnes e ela embalava cuidadosamente dois pedaços para cada um. Se comiam frango no almoço, a janta tinha que ser bife e vice-versa. Cada membro da família tinha sua parte preferida, pois tudo estava no cronograma. A coxa era sempre do Jhonleno, dona Meyre amava os pés e assim por diante. O único problema é que todo mundo gostava de parte com osso e o peito era terra de ninguém, se alguém ainda ficasse com fome depois do seu pedaço, ele servia de "intera". Na hora de servir, seu Antônio, pai de Michelle, sentava as crianças no chão e enchia uma a uma as tijelinhas de alumínio dos quatro filhos.

Apesar de tudo, eram bons tempos aqueles, diz Michelle. A convivência familiar transcorria mais ou menos dentro da normalidade.

Ainda que essa dita normalidade da família tradicional muitas vezes camufle imperfeições "macabras", para usar as palavras dela.

Por volta de 2012, sua avó materna encontrava-se muito doente em Autazes. Idosa e com a saúde debilitada, vivia há muitos anos com as complicações da diabetes. Precisou da ajuda da filha, que prontamente atendeu seu chamado e foi cuidar dela. Apesar de as circunstâncias da viagem terem sido as piores possíveis, foi a primeira vez que a dona Meyre viajava sozinha, sem marido ou filhos. Quando ela subiu naquele barco para as quatro horas e meia de Manaus até Autazes, não sabia que seria uma viagem tão transformadora.

Ao retornar, tomou a decisão de se separar do pai de Michelle, pondo um fim ao casamento de 23 anos.

*

Como geralmente acontece, ninguém entendeu os motivos que levaram uma mulher a querer abrir mão da estabilidade de um casamento tão longo. A própria Michelle questionou a decisão da mãe e, em segredo, julgou-a por "abandonar a família", mas bastou uma conversa para que entendesse exatamente todos os porquês da sua atitude. Detalhes sobre uma vivência de mais de duas décadas compartilhados em uma conversa que durou mais de duas horas. Confissões que assombram Michelle até hoje, das quais ela não fala, para preservar a privacidade da mãe. Naquele momento, ela entendeu quanto de si dona Meyre havia abdicado pelos filhos e que agora, todos adultos, ocupados com suas próprias famílias, ela gostaria de reivindicar, redescobrir.

Michelle tinha 22 anos quando a mãe saiu do lugar que dividia com o pai na estrada da Ponta Negra. Após o acordo financeiro firmado com o divórcio, recebeu do ex-marido uma casa em Autazes e se mudou em definitivo para aquela cidade. Lá, recomeçou a vida, conheceu outra pessoa e se relacionou novamente.

A partir disso, Michelle começou a fazer o trajeto Manaus-Autazes todo ano para visitar a mãe. Apesar da saudade de tê-la por perto, era muito bom vê-la feliz, cheia de vida. Livre, por assim dizer. De todas essas idas, voltava com muitas lembranças preciosas. Elas comiam peixe frito em todas as refeições, inclusive no café da manhã, apanhavam manga do pé, cozinhavam as galinhas do quintal... Se precisasse resumir em uma palavra, seria "ensolarado". Em muitos aspectos, aquelas viagens e todos os momentos que passavam juntas foi um presente.

Dona Meyre também viajava anualmente a Manaus para exames de rotina. No dia 8 de junho de 2016, chegou à capital muito doente. Não sabiam exatamente o que ela tinha, mas seus pés estavam rachados por causa do inchaço e estava acometida por uma infecção urinária severa. Foram a uma consulta e um cisto minúsculo no útero foi descoberto. O segundo semestre de 2016 inteiro foi uma verdadeira jornada em diversos consultórios e hospitais. Entre inúmeros exames, toda uma rede de apoio dos amigos de Michelle foi acionada para que ela conseguisse resolver tudo o que fosse necessário.

Fez a biópsia e a solicitação médica era que iniciasse o tratamento de imediato. Mas, em outubro de 2016, ela disse à médica que viajaria novamente para Autazes, que precisava votar nas eleições daquele ano. Falou que organizaria a casa, mataria a saudade do marido e dos enteados que esperavam por ela sentindo sua falta também, para, só então, retornar a Manaus e começar todos os procedimentos.

Acontece que ela só voltou no fim de 2017, um ano depois dos primeiros exames. A doença já estava bem mais avançada, seus membros inferiores ainda maiores, por causa do inchaço, e a infecção em maior grau. Foram inúmeros hospitais, diversos exames para descobrir o que exatamente estava acontecendo com seu corpo e, durante todo esse momento, Michelle esteve com a mãe.

No dia em que receberam a notícia, estavam juntas, lado a lado. Dona Meyre em uma cadeira de rodas, ouviu o médico dizer dura, friamente e sem nenhum tato: "Você está com câncer". Michelle levou a mãe para fora da sala e voltou para questionar o modo como o médico havia dado o diagnóstico, ao que ele respondeu: "Ela vai morrer!" Engoliu o choque daquela sentença a seco e respondeu que não importava, que elas dariam início ao tratamento mesmo assim. E foi exatamente o que fizeram.

O departamento de serviço social do Instituto da Mulher Dona Lindú as encaminhou para a FCECOM, a Fundação Centro de Controle de Oncologia do Estado do Amazonas. Deram entrada naquele lugar em janeiro de 2018. Dona Meyre foi internada, fez uma tomografia e foi encontrado um tumor do tamanho de uma cabeça de neném bem embaixo do seu umbigo.

*

Câncer, essa palavra que parece se lançar sobre as pessoas como uma sentença, é um termo usado para designar um grupo de mais de duzentas doenças. Em termos básicos, todas as partes do corpo humano podem ser afetadas por um tipo diferente delas. A complexidade das variações, implica, muitas vezes, em sintomas e tratamentos diversos, dependendo do local afetado e o momento em que foi feito o diagnóstico. O modo como essas doenças começam dentro do organismo humano é que é parecido e tem a ver com o comportamento das células. Às vezes, durante a multiplicação celular, algumas mutações ocorrem no seu DNA e isso pode dar origem a um câncer. Camufladas das defesas imunológicas do corpo, essas células cancerígenas começam a se multiplicar descontroladamente, formando tumores. Segundo o INCA, o Instituto Nacional do Câncer, trata-se de um dos maiores problemas de saúde pública no mundo e está entre as quatro principais causas de morte prematura na maioria dos países.

O câncer que acometeu dona Meyre estava localizado em sua bexiga. Esse é um dos tipos mais comuns do trato urinário e o nono mais incidente, em nível mundial, com cerca de 430 mil novos registros em 2012. De acordo com a estimativa mais recente, foram diagnosticados, entre mulheres, 99.413 casos novos ao redor do planeta.

O inchaço nos pés e a persistente infeção urinária já eram sintomas da doença.

Durante o tempo em que passaram no hospital, por muitas vezes, foi Michelle quem consolou a mãe que chorava, pedindo para ir embora dali. Elas oravam juntas a Deus, pedindo por cura. Observavam pela janela do hospital as pessoas caminhando e vivendo alheias a todo o sofrimento que estavam passando. Poucos metros as separavam dessas pessoas em suas vidas "normais", uma distância ínfima entre os leitos e as movimentadas avenidas que circundavam o hospital.

‘Elas oravam juntas a Deus, pedindo por cura.”

Como pode ser tão frágil a corrente de normalidade que faz seguir nossas vidas? Uma porta, uma pedra, um instante, um exame nos separam do desespero frente à possibilidade de morrer ou perder alguém querido.

Michelle consolava a mãe, faziam planos, ela prometeu que quando saíssem conheceriam a Arena da Amazônia, localizada tão perto que podia ser vista pela janela. Visitariam o Shopping Ponta Negra, voltariam a Autazes para as galinhas de quintal, as risadas, as conversas durante as caminhadas na estrada da Ponta Negra. Ainda havia muito a ser realizado depois dali.

Chegou o abril de 2018. O mês em que se comemora o Dia das Mães estava perto e dona Meyre sentiu que precisava se despedir de seus filhos. Ela não acreditava que estaria viva para comemorar a data ao lado deles. Reuniu todos no hospital e disse o quanto os amava. No período de quatro meses e 28 dias em que ela ficou internada, seus quatro filhos montaram um rodízio para acompanhá-la no hospital. Foi um longo período, todos sofriam muito, sentindo-se impotentes vendo a mãe se despedir também da vida.

Muita coisa estava acontecendo na vida de Michelle naquele momento. Precisava trabalhar para sustentar os filhos, que também dependiam dela. Pois a maternidade é assim, impiedosa, ela não para de exigir mesmo que o momento da vida seja absurdo. Depois de sair da padaria por falta de pagamento, passou a cumprir extensos horários de trabalho em um mercadinho.

Março chegou e o Brasil estava bem no olho de um furacão. Movimentações políticas de um ano antes fizeram com que os preços dos combustíveis tivessem uma alta considerável e caminhoneiros de Norte a Sul aderiram a uma greve sem precedentes. Economicamente dependente do transporte rodoviário, um pequeno caos se instalou no país inteiro, com desabastecimento de diversos itens, inclusive comida e gasolina.

Um dia, em uma segunda-feira, Michelle saiu do trabalho e era sua vez de ficar com a mãe. Passou em casa para tomar um banho, ver os filhos e se arrumar. Ligou para o irmão avisando que não demoraria. Saiu do banheiro, vestiu-se e deitou por dois minutos na cama, ao lado dos filhos que assistiam TV. Talvez estivesse passando uma notícia sobre a greve, um prédio que desabara há algumas semanas em São Paulo, talvez fosse só desenho de criança mesmo, não estava realmente prestando atenção.

Cansada, adormeceu sem perceber.

Acordou com o celular tocando, era o irmão quem ligava. Levantou-se da cama com um salto já dizendo que estava a caminho, mas sua voz embargada do outro lado da linha avisou: "Não precisa tu vim mais não. A mãe acabou de falecer".

Dona Rosimeyre Nascimento Farias, entre muitas outras coisas, mãe de Michelle, faleceu no dia 28 de maio de 2018, aos 49 anos. A partir daquele momento, o dia 28 nunca mais passou igual.

CAPÍTULO

05

CAMINHO NO DESERTO

Vi ontem um bicho
Na imundície do pátio
Catando comida entre os detritos.

Quando achava alguma coisa,
Não examinava nem cheirava:
Engolia com voracidade.

O bicho não era um cão,
Não era um gato,
Não era um rato.

O bicho, meu Deus, era um homem.

(O Bicho, de Manuel Bandeira).

O poema de Manuel Bandeira, escrito em 1947, assusta tanto pela força da imagem criada pelo poeta quanto por permanecer atual, mesmo após tantos anos. Os versos curtos remetem a um persistente drama social: pessoas vivendo na extrema pobreza e em situação de rua. A "coisa" que o bicho-homem retira do meio da imundície e engole vorazmente e sem examinar sequer pode ser chamada de comida, é a mais completa miséria. No Brasil, embora não haja uma contagem oficial que abarque todo o território nacional, o IPEA, Instituto de Pesquisa Econômica Aplicada, estima que cerca de 222 mil pessoas componham essa população.

Mas quais os motivos ou situações levam – ou obrigam, na maioria dos casos – alguém a morar nas ruas?

Pesquisas apontam que dependência química, abandono familiar e perda de emprego são os principais fatores. Às vezes, até mesmo a junção de dois ou todos eles. O ponto é que há uma espécie de apagamento social sobre essas pessoas. Com o fator "humano" praticamente perdido, só resta a visceralidade do bicho. Daí a grande reviravolta do poema de Bandeira.

Acontece que, para uma parcela significativa das pessoas, essa é uma realidade mais próxima do que se pode imaginar. Alguém que não tenha um imóvel próprio e que more em um lugar alugado, pode muito bem se ver nessa situação ao perder, pelo motivo que seja, sua fonte de renda. A separação que há entre um trabalhador assalariado e uma pessoa em situação de rua é tão pequena quanto frágil.

É prudente explicar de antemão que Michelle nunca ficou completamente desabrigada, mas ela sentiu de perto essa fragilidade. Foi por muito pouco, e viver uma situação como essa desperta um tipo de desespero que mesmo os relatos mais detalhados não abarcam, é assustador de muitas formas diferentes. A incerteza, o medo, a sensação de olhar para os lados e não ver como resolver a pergunta que ricocheteia dolorosamente na cabeça. "Pra onde vou levar meus filhos, minhas coisas? Onde vamos dormir amanhã?"

O eu lírico do poema de Manuel Bandeira se assusta ao perceber: é um homem catando algo para comer no lixo. As regras da língua portuguesa postas à parte, pode-se interpretar quão mais vulnerável estaria uma *mulher* nessa posição. E ainda mais uma mulher com dois filhos pequenos.

Durante todo o tempo em que dona Meyre esteve doente, Michelle e seus irmãos se revezaram para acompanhá-la nas consultas, na internação e até o momento da sua despedida. Michelle se absteve de todas as demais obrigações o máximo que pôde, ausentou-se do trabalho diversas vezes. Nessa época, trabalhava em um *buffet* bastante renomado em Manaus. Até que, em um determinado momento no meio desses meses, solicitou uma saída para ir ao encontro de sua mãe. Recebeu de sua chefe R$50 e a afirmativa de que ela não era médica, se quisesse cuidar da mãe que o fizesse de outro lugar.

Algum tempo depois, demitida desse emprego, conseguiu um bico em uma padaria, mas também não ficou muito tempo por problemas no pagamento. Saiu sem nem receber pelos dias trabalhados. Mas nada é tão ruim que não possa piorar, diz o ditado do pobre que ri da própria tristeza. O telefone toca e é uma vizinha ligando para avisar que a proprietária do lugar em que Michelle morava alugado queria que ela saísse de lá. Nada menos que uma ordem de despejo. Estava completamente sem dinheiro, o aluguel com dois meses de atraso, não tinha nem o que reclamar.

Quando você precisa escolher entre alimentar seus filhos ou pagar contas qual é a escolha óbvia?

Bem no centro do desespero, distribuiu currículos em todos os lugares que pôde. Saía pelas ruas do bairro em que morava e também os vizinhos, debaixo do sol escaldante de Manaus, procurando um socorro, uma saída que fosse. Acabou por encontrar em um mercadinho.

O calor e a escassez fazem parecer descabida a metáfora de um bote salva-vidas, mas foi exatamente isso o que aquele emprego pareceu. Não era como se a família estivesse se afogando, estava mais para definhar sobre um solo rachado. Andando, andando, andando sem avistar no horizonte uma solução.

Mas, enfim, estava ali, naquele emprego de caixa, a perspectiva de se estabilizar financeiramente. Ainda mais quando o dono do lugar, sabendo de toda a situação em que Michelle se encontrava, comovido com a internação da sua mãe, foi até ela e disse: "Você tem livre acesso para pegar aqui qualquer coisa que precisar pra sua casa, pros seus filhos". Ela fez um rancho de R$300 e levou as sacolas para casa transbordando de gratidão.

Agora mais tranquila, mas ainda sem saber para onde iria e sem dinheiro nem para a mudança, guardou todas as coisas da família em sacos. É uma imagem que nunca esqueceu.

Todos os bens materiais que havia conseguido na vida até aquele momento cuidadosamente embalados em reluzentes sacos pretos de lixo.

*

Há no Brasil um grupo teatral muito famoso chamado "Os melhores do mundo". Desde 1995, eles apresentam diversas peças que ultrapassaram os limites de Brasília, local onde a trupe começou, para cativar público no país inteiro. Mesmo com a carreira já consolidada, foi em julho de 2006, no meio de uma entrevista para o apresentador Jô Soares, que eles realmente viralizaram, quando esse termo nem era muito conhecido.

A responsável por tamanho frisson foi a esquete de humor que contava a história de Joseph Climber. Uma espécie de sátira aos vídeos motivacionais que tentam exaltar a implacável resiliência das pessoas frente às mais absurdas situações da vida. Crítica cirúrgica e engraçadíssima à exaltação das histórias de superação que se vendem às custas de muito sofrimento romantizado.

Havia dois atores no palco. Enquanto um contava a história, o outro encenava um a um os acontecimentos. Ou melhor, uma a uma as consecutivas desgraças da vida do pobre Joseph. Quando o narrador falava "mas a vida é uma caixinha de surpresas", a plateia inteira ria antecipadamente imaginando o que de mais horrível poderia acontecer ao personagem. Tudo, absolutamente tudo, dava errado para Joseph Climber.

Durante o final de semana em que foi demitida e despejada, a história de Michelle parece ter sido escrita sob esses mesmos moldes. Uma sucessão de circunstâncias ruins tão absurdas que poderia muito bem ser ficção. Mas, debaixo do peso esmagador da realidade, o trágico não deixa tanto espaço ao cômico.

Embora, inegavelmente, tenha precisado ser forte, com a mãe em estágio terminal internada há meses, sem emprego e com a notícia do despejo, não havia romantização sobre ideais de superação ou resiliência. Na história real de Michelle, o roteiro foi mais ou menos desse jeito:

25 de maio de 2018

Foi contratada no mercadinho e logo procurou lugar para alugar ali mesmo nas redondezas. Não sem muito esforço, encontrou um beco com três quitinetes, uma do lado da outra. Acomodou ali suas coisas ainda embaladas e foi trabalhar. Era uma sexta-feira. Saiu de casa sem o fantasma do desespero de não saber onde iria morar e pensou que finalmente teria uns instantes de paz.

Mas, como diria o narrador da peça, a vida é uma caixinha de surpresas.

Naquele mesmo dia, à noite, houve uma confusão entre gangues rivais pelo controle das chamadas "bocas de fumo". Um tiroteio bem na frente da sua porta, ela sequer conseguiu dormir.

26 de maio de 2018

Na manhã do dia seguinte, sábado, sabe como é, a vida é *mesmo* essa caixinha de surpresas. Sem nem ter tido a chance de desfazer a primeira mudança, o proprietário desistiu de alugar o espaço e pediu que ela saísse de lá. Chorando, implorou que ele desse pelo menos uns dias até que ela conseguisse encontrar um outro lugar. Não teve choro nem conversa, "vocês têm até amanhã pra sair da casa", ele disse.

27 de maio de 2018

No domingo, enquanto ela trabalhava até o meio-dia, um amigo muito querido ajudou a reorganizar a segunda mudança e levar para um outro apartamento, que ficava três ruas acima. Fizeram um acordo com o dono do local, deixando combinado que pagariam dentro de algumas semanas, quando Michelle recebesse seu primeiro salário.

28 de maio de 2018

"Era o meu dia de ficar com a mãe", ela conta.

Segunda-feira. Depois de duas mudanças em um único final de semana, essa parte já foi contada, ela chegou do trabalho, tomou banho para ir ao hospital, deitou-se ao lado dos filhos e estava tão exausta – agora se sabe o motivo – que cochilou. O telefone toca para marcar aquele dia 28 à ferro no coração de Michelle.

A vida é uma caixinha de surpresas, o narrador diz o clichê em tom grave.

Apagam-se as luzes, a cortina é fechada e ninguém ri.

*

O desemprego e o período depressivo que sucederam o luto consistiram na fase mais difícil da vida de Michelle.

Após a ligação do irmão, ela projetou uma calma que não tinha para não assustar os filhos, duas crianças. Engoliu o choro, os vestiu e saiu caminhando do bairro Santo Agostinho até a Estrada da Ponta Negra. Ligou para Isaac, um outro amigo, conseguiu alguém para cuidar dos filhos e foi até o necrotério da FCECON. O velório e enterro da sua mãe foram como um pesadelo, um filme, um acontecimento distante. Pareciam cenas absurdas, irreais. Perguntava-se como viveria em um mundo em que sua mãe não existisse mais. Começou aí um afastamento quase completo da família, uma reação instintiva para conseguir sobreviver à dor.

Enquanto a filha chorava, a mãe dizia: “Não chore, não, que eu quero que você seja muito feliz nessa vida.”

O único motivo no qual Michelle encontrava formas de continuar viva eram os filhos. A maternidade é impiedosa, que se impõe irredutível sobre as mulheres. Não importa a situação da vida, você tem uma responsabilidade sobre outra pessoa que precisa de você, no caso de Michelle, outras pessoas.

Talvez a expressão correta fosse "a parentalidade é impiedosa", porque as obrigações com os filhos também cabem ao pai, afinal. Mas não é assim que funciona para muitas mulheres, também não foi para Michelle. Inclusive, a relação que ela teve com a mãe estabeleceu a prerrogativa de um matriarcado em sua vida. Era com a mãe que ela construiu, desde a infância, seu referencial de força e de proteção. Então, agora, sem a presença de dona Meyre, sendo mãe solo de três filhos, Michelle precisava continuar mesmo sem acreditar que era possível.

Nos meses seguintes, enquanto enfrentava o luto e a instabilidade financeira, espelhou o altruísmo da mãe e, literalmente, deixava de comer para alimentar seus filhos. Sentia que era um dever criar aqueles meninos para serem homens íntegros, respeitosos e de caráter. Percebeu ainda, com o tempo, que não precisava abdicar de si mesma, de seus sonhos, para ser uma boa mãe. E isso também aprendeu com o exemplo de dona Meyre, que não teve medo de fazer o que fosse preciso para ser feliz.

Em uma das últimas vezes em que estiveram juntas no hospital, quando os médicos já haviam dito que nada mais poderia ser feito a não ser ficar perto e esperar, dona Meyre pediu que Michelle fizesse uma oração de entrega. Uma prece simples, sem muitos floreios, agradecendo pela vida, desvencilhando-se de qualquer mágoa. Professando gratidão, perdão e amor. Enquanto a filha chorava, a mãe dizia: "Não chore, não, que eu quero que você seja muito feliz nessa vida." Prometeu: "Eu sempre vou estar aqui contigo". E, sem dúvida nenhuma, tem estado.

CAPÍTULO

06

UMA COLHER DE CORAGEM

A primeira vez que Michelle foi contratada para trabalhar em uma cozinha foi em abril de 2017. Começou como auxiliar em um *buffet* conceituado, que ficava localizado em uma área nobre da cidade, a Ponta Negra, mesmo bairro em que estava a casa do seu pai.

Um auxiliar de cozinha, dentro de um *buffet*, fica encarregado de diversas funções direcionadas a facilitar o trabalho do *chef*. Assim, esse profissional está envolvido desde as etapas iniciais da preparação de um prato, como também no gerenciamento de estoque e organização da dispensa. No caso de Michelle, além de trabalhar com essas tarefas, ela era responsável pelo preparo dos salgadinhos, massas e pela lavagem das louças. Embora possa parecer pouco glamuroso para uma pessoa sem conhecimento sobre como funciona uma cozinha, a verdade é que o auxiliar desempenha um papel fundamental para o bom funcionamento desse ambiente de trabalho.

Ali, aprendendo na prática o que significava servir um grande número de pessoas, Michelle pôde aprender muito. Observava atentamente cada etapa do preparo, tentando se envolver em todos os processos. Imaginava em segredo o que faria diferente, o que faria melhor quando chegasse sua vez e também guardava na memória os feitos dos seus colegas de trabalho, construindo um mosaico de verdadeiras referências. Não era fácil, longe disso. Mas Michelle era completamente apaixonada pelo que faziam ali. O alvoroço da cozinha, em que tudo precisava ser feito cronometradamente para não atrapalhar o serviço, o calor, a ordem, o cheiro, o barulho, uma sinestesia inspiradora. Houve ocasiões em que entrava no buffet na quinta-feira, levando mala e tudo, e só voltava para casa no domingo. Queria entregar excelência.

Passado algum tempo e com muita experiência adquirida, a *chef* que trabalhava lá precisou se ausentar. Percebendo como era capacitada, a dona do *buffet* contratou Michelle para assumir seu posto. Nesse momento, sentiu que começou sua carreira.

Os desafios foram cada vez maiores, ela precisava liderar uma equipe inteira e isso tem um peso. No primeiro grande "teste", um casal foi até lá para uma degustação, só faltava aquilo para fechar o contrato, grandes expectativas, frio na barriga.

“Os desafios foram cada vez maiores, ela precisava liderar uma equipe inteira e isso tem um peso.”

O cardápio, até hoje, Michelle não esquece. Filé mignon ao molho madeira, bacalhau com batatas gratinadas no azeite e frozen de açaí. Michelle aprendeu muito com as pessoas com quem trabalhava, sem dúvidas, mas aquele dia foi ela quem temperou tudo. Fez a comida à sua maneira, como sempre imaginou que faria. Estava um pouco nervosa, mas nem se comparava com a alegria de poder preparar tudo seguindo seus instintos e sentidos.

Serviu da melhor forma que pôde e os clientes chegaram para provar todos os pratos. Não deu certo para um evento apenas... Porque eles gostaram tanto que contrataram dois de uma vez só.

Michelle nunca tinha comido bacalhau, filé mignon, nada disso, toda vez que chegava alguma novidade ela aproveitava para comer um pouquinho, já imaginando as combinações possíveis, os modos de empratar. Todo aquele período foi, apesar de tudo, muito gratificante. Até começarem os atrasos no pagamento e o momento em que foi demitida por precisar de saídas para acompanhar sua mãe no hospital.

Um mês depois do falecimento de dona Meyre, após os bicos na padaria e no mercadinho, Michelle sequer teve a possibilidade de se isolar para viver o luto. Diante da necessidade, precisou pedir para voltar a trabalhar lá. Retornou, mas dadas as circunstâncias em que tinha sido demitida, nada mais era o mesmo.

Além de *chef*, Michelle também tinha curso de vigilante feminina. Durante um dos eventos em que trabalhou, conheceu a pessoa que lhe daria um apoio pelo qual nunca deixará de ser grata. Era uma mulher e ela se chamava Keila Carbajal. Soube que ela era de uma conceituada empresa de segurança, contou sua história e pediu que, no caso de surgir alguma oportunidade de emprego, que, por favor, se lembrasse dela.

Apenas alguns meses depois e seu pedido foi atendido. Foi chamada para uma entrevista para o cargo de vigilante, mas foi reprovada por causa da altura. O pequeno bebê se tornou uma pequena mulher, afinal. Mas claro que só na estatura, pois em tudo o que Michelle se propõe a fazer ela é grande e, na segunda entrevista, foi contratada para trabalhar no serviço administrativo daquela empresa.

Foi como a cena final do filme "À procura da felicidade", ela saiu do prédio e não conseguia parar de chorar de tanta alegria. Mesmo não sendo um emprego dentro da cozinha, significava uma estabilidade financeira para ela e para os filhos. Depois de tudo o que havia passado naquele período, o despejo, o luto, a escassez de comida, a insegurança, as humilhações. Não tinha vitória maior, era como acordar na manhã de Natal e encontrar os presentes embaixo da rede.

Michelle cresceu naquele lugar, adquiriu conhecimentos em outra área, foi bem recebida pela empresa, pela mulher que conseguiu a entrevista para ela e, realmente, durante o tempo em que trabalhou ali pôde descansar.

Descansar na segurança do salário caindo certinho no final do mês. O dinheiro que não deixava faltar nada dentro de casa, segura na perspectiva de crescer, longe do medo e da incerteza do que daria para os filhos comerem no dia seguinte.

Tudo finalmente começava a dar certo, foi um período de paz.

*

Foram quase dois anos naquela empresa de segurança, mas Michelle começou a se sentir presa dentro do trabalho administrativo. "Um passarinho em uma gaiola", como ela diz. Solicitou ao RH que fosse transferida para outra função e, dessa forma, conseguiu um emprego de chefe de vigilância em um dos maiores shoppings da cidade.

Entre seguir o sonho de trabalhar com culinária e o emprego de vigilante noturna, Michelle encontrou um meio-termo. Paralelamente à rotina no shopping, vendia "taças da felicidade", um tipo de sobremesa com o qual se consegue ter uma boa margem de lucro. Em pouco tempo, já estava ganhando mais dinheiro com suas encomendas do que com o trabalho desgastante que a exauria.

Ela não conseguia fugir do desejo de investir em sua empresa e em seu sonho. Não podia se afastar do que acreditava ser seu dom desde o nascimento, onde realmente se sentia realizada. Passou semanas conciliando as inúmeras encomendas com os horários de seu expediente. Dormia pouco, trabalhava muito e era cada vez mais atraída pela vontade de empreender. O que poderia acontecer? Estava tudo indo tão bem. A empresa, gradativamente, tornava-se real. Ela sentia que precisava se dedicar a ela, que precisava tentar.

Foi então que se encheu de coragem e decidiu pedir demissão do emprego. Foi difícil encerrar esse ciclo, também por tudo o que ele significava, o fator carteira assinada, principalmente. Mas ela arriscou.

Apenas uma semana depois, a pandemia da COVID-19 chega a Manaus cancelando todos os eventos para os quais ela fornecia a taça.

CAPÍTULO

07

MAMÃE NUNCA MAIS VAI EMBORA

Depois de ter saído da empresa de segurança para se dedicar ao trabalho com comida e ter se deparado com o contexto imposto pela pandemia, Michelle ainda voltou a trabalhar naquele lugar por mais um mês. Pouco tempo depois, passou a apresentar sintomas gripais, com suspeita de COVID-19, e foi afastada de suas funções por 15 dias. Michelle encarou aquilo como um sinal. Era realmente o momento de sair definitivamente dali. Decidiu voltar a empreender, investir no dom de cozinhar e trabalhar para o seu próprio sonho. Foi assim que ela foi parar a três mil quilômetros de Manaus.

Era julho de 2020, ela tinha conhecido uma pessoa que morava no interior de São Paulo. "Vem pra cá, vem montar teu restaurante, vem trabalhar pra ti", foi a proposta que ela recebeu. Ele era técnico de futebol e havia vários quiosques ao redor do campo onde trabalhava. Apresentava-se como uma grande oportunidade e Michelle, mais uma vez, arriscou. Vendeu todos os móveis, deixou os filhos na casa do irmão, tio deles, e prometeu que assim que a empresa estabilizasse voltaria para buscá-los.

Ela entrou no avião com muito medo, mas também acreditando que finalmente trabalharia com o seu sonho. Mas dois dias antes de Michelle chegar, caiu um toró violento na região. A força da chuva e do vento foram tamanhas, que destelharam o quiosque onde abriria seu lanche. Todos os outros espaços ficaram intactos, mas o que seria dela foi completamente devastado. Precisou esperar reformar todo o espaço para começar a trabalhar.

Depois da reconstrução, era hora de mostrar a que veio. Todo mundo achava estranhíssima a mulher vinda de Manaus. "Tem jacaré andando na rua lá?" Era o tipo de coisa que perguntavam. Michelle precisou se adaptar ao clima, à mudança de ambiente, à comida, ao próprio paladar das pessoas. Gradativamente, as vendas foram crescendo e ela foi conquistando clientes. As pessoas faziam fila para comer sua comida. Ela preparava diversos cardápios, fez amizade com muitas pessoas e já recebia as encomendas antecipadamente. No que diz respeito às vendas, tudo ia bem. Mas Michelle era mãe de três crianças e a maternidade, reiterando, é impiedosa.

Havia um grande fluxo de pessoas naquele campo, e por isso mesmo era um ponto comercial lucrativo, mas a presença de tanta gente também favorecia o tráfico de drogas.

“Vem pra cá,
vem montar
teu restaurante,
vem trabalhar
pra ti.”

Michelle começou a perceber que esse era um problema recorrente e de longa data naquela região. Sabendo que em algum momento precisaria buscar os filhos, temia levá-los para um ambiente que considerava tão perigoso.

Aguentou por meses a saudade e a dor da distância. Com os seus próprios sentimentos, não sem muito custo, podia lidar. Mas ela começou a perceber que o filho mais velho estava se abatendo, e entrado em um estado de tristeza preocupante sentindo a falta da mãe. A cada ligação aquela situação se tornava mais insustentável.

Havia um considerável volume de dinheiro investido naquele negócio, Michelle não sabia exatamente o que fazer. Foi quando viu, na beira do campo, dois garotinhos com a camisa do Brasil. Observou de longe enquanto eles jogavam a bola um para o outro, o maior brincava de uma forma protetiva com o menor, esperava ele chutar a bola, rindo com os movimentos desengonçados.

Aquela imagem a lembrou dos filhos e, no dia 11 de outubro de 2020, decidiu que não poderia mais continuar longe deles. Recolheu algumas poucas roupas, pegou um avião e voltou para Manaus. Chegou de surpresa no dia 12, bem na data em que se comemora o Dia das Crianças. Foi direto para a casa do irmão buscar os filhos e quando eles a enxergaram no portão, choraram abraçados à mãe pelo que pareceu uma vida inteira.

No momento daquele reencontro, Michelle prometeu que nunca mais os deixaria sozinhos.

*

Ser morador de um bairro periférico é uma vivência, em certos aspectos, muito particular, que reflete de inúmeras formas sobre o modo de vida dos indivíduos dentro de uma sociedade. Longe dos centros, é como se houvesse uma reorganização natural na bússola interna de todo um grupo de pessoas. Isto é, aquele microcosmo social, também para atender suas necessidades, acaba por desenvolver uma estrutura econômica própria. E é desse modo que surgem, por exemplo, os mais variados tipos de comércios populares. São as tabernas, os mercadinhos, os lanches, as feiras improvisadas e assim por diante. As pessoas percebem uma demanda comercial e veem nela a possibilidade de empreender.

Há bairros em Manaus que estão localizados a cerca de 1h, 1h30 de distância do centro da cidade. Na Zona Leste, uma das maiores e mais populosas regiões, diversos pontos comerciais surgiram e se desenvolveram de tal modo que, com o tempo, deslocar-se para fazer compras em outro bairro se tornou completamente dispensável. A periferia se converte no centro dessa população. E não apenas por questões econômicas.

Nesse contexto, as pequenas empresas, dos mais diversos ramos, iniciam seus trabalhos nas esquinas, nas pracinhas, dentro das casas... Uma sala de estar vira um salão de beleza, a mesa da cozinha se transforma em uma escolinha de reforço, uma mesa e uma cadeira de plástico com uma toalha bonita por cima na garagem e já dá para tirar um dinheiro vendendo "kikão" para os vizinhos.

No caso de Michelle, embora morasse em um bairro nobre, também estava nas margens. E não foi muito diferente o que aconteceu na rua em que morava com os pais. Distante de tudo, seu Antônio havia aproveitado a oportunidade para abrir a pequena taberna da família. E em muitos momentos, sempre que a situação apertava, Michelle abria uma banquinha, vendia doces, café da manhã, o que vendesse melhor. Aprendeu a fazer "chinelufas" e se virava no artesanato, o importante era trabalhar.

O sonho de empreender foi uma constante em todos os momentos. Ainda criança, aos oito anos, lavava tapetes com a prima por R$20, dinheiro que valia mais do que pode contar. Na adolescência, começou a fazer sandálias decoradas. Nunca esquece do dia em que levou uma dessas para casa e a desmontou a fim de saber como eram feitas. Refez o trabalho a seu próprio modo e, sozinha, descobriu como ganhar algum dinheiro com elas.

Mas empreender muitas vezes é incerto, arriscado e as contas não esperam. Por isso, encontrou no curso de vigilante feminina uma oportunidade de renda estável. Também foi selecionada para um curso de bombeira hidráulica na empresa Águas de Manaus, onde se destacou entre os alunos – homens em sua maioria.

Na cozinha, atividade que já era bem conhecida por ela desde os oito anos, encontrou a sua verdadeira paixão. Desenvolveu muitas habilidades durante o período em que trabalhou em dois grandes *buffets* da cidade, mas o aprendizado maior já estava no sangue, tanto a família do pai quanto da mãe era de excelentes cozinheiros.

O sonho maior de Michelle era comandar sua própria cozinha, ser dona do seu negócio. Começou a pôr em prática, comprou o fardamento, que seria uma camisa rosa, garrafinhas personalizáveis e idealizou a logo. Montou um café da manhã para degustação e chamou duas pessoas responsáveis pelo cerimonial de uma grande empresa. Gostaram da comida e decidiram fechar para os próximos eventos. Pouco tempo após elas saírem, Michelle recebe uma ligação para o trabalho na empresa de segurança. Mais uma vez o sonho ficaria de lado. Sonho não paga conta.

Após voltar para Manaus, depois da experiência em São Paulo, teve que começar do zero. Sem emprego, sem dinheiro e com três filhos para criar, Michelle só conseguia pensar em uma pessoa que poderia ajudar, seu amigo e companheiro de longa data, o *maître* Lindemberg Granjeiro.

Foi ele quem a ensinou boa parte do que ela sabe sobre cozinha. No primeiro dia de Michelle em um *buffet*, ela se viu diante de uma pilha gigantesca de louça. Inexperiente, ela começou a lavar como se lava em casa: ensaboa tudo e depois enxágua. Deu 1h da manhã, ele já havia desmontado todo o salão, e ela ainda estava na pia com as sapatilhas cheias de gelo, na tentativa de diminuir o inchaço por ficar tanto em pé. "Mas, sim, tu vai querer ficar até cinco da manhã aí?" Ele a ensinou, ajudou a terminar e ali começava uma parceria. Enquanto trabalhavam juntos, lideraram os serviços lado a lado, Michelle na cozinha e ele no salão. Eram requisitados em todos os eventos. "Eles funcionam", todos diziam.

A ligação que ela fez para ele foi também um pedido de ajuda. "Eu tô voltando pra Manaus e preciso trabalhar". Ele, que sempre esteve presente, na dor do luto, na alegria das aprovações nas entrevistas de emprego e que compartilhava o pouco que tinha no momento em que faltou o pão. Respondeu dizendo que ela viesse, pois daria um jeito. Conseguiu uma vaga para que Michelle fosse auxiliar de cozinha novamente. Ela aceitou e assim a empresa foi adiada novamente.

*

"E nunca
teve medo de
recomeçar."

Quando se fala de empreendedorismo em comunidades periféricas, inevitavelmente se fala em empreendedorismo feminino e nas mulheres que ocupam esses espaços. São diversos os motivos que as levam até o desejo de abrir um negócio próprio, seja por paixão, necessidade ou ambos, fato é que o número de empresas fundadas e geridas por mulheres só cresce.

Esse aumento, indubitavelmente, está relacionado à inserção e evolução feminina no mercado de trabalho e em espaços de capacitação. São cenas geradas a partir de todo um conjunto de mudança no contexto econômico, político e social, atravessados, por exemplo, pelos movimentos feministas. Assumindo papéis de liderança fora dos limites do ambiente familiar, as mulheres seguem, historicamente, lutando por isonomia salarial, condições de trabalho, entre outras reivindicações.

No Brasil, números de uma pesquisa do IBGE, o Instituto Brasileiro de Geografia e Estatística, apontam que por volta de 9,3 milhões de mulheres estão à frente de negócios no Brasil. Uma das mais importantes pesquisas internacionais sobre empreendedorismo, o GEM, Global Entrepreneurship Monitor, apurou, em 2018, informações de mais de 40 países, mostrando que o Brasil ocupa a sétima posição no ranking de proporção de mulheres que ocupam posição de liderança em empreendimentos iniciais.

Possivelmente, a maior prova de que o empreendedorismo feminino surge da necessidade é que, no ano de 2020, durante a pandemia da COVID-19, houve um aumento de mais de 30% no número de mulheres gerenciando negócios.

Mas não é apenas "fora de casa" que o empreendedorismo feminino se dá, muito pelo contrário. Muitas mulheres, mães, frente à necessidade do cuidado com os filhos, optam – ou são obrigadas – por encontrar meios de continuar trabalhando sem precisarem se afastar das crianças. Ainda de acordo com um censo do IBGE, existem mais de 11 milhões de mães solo no Brasil. Isso significa dizer que a mulher, sozinha, precisa se responsabilizar por todas as demandas da criação dos filhos, inclusive financeiras. O que as leva a jornadas duplas, e até triplas, conciliando trabalho, filhos e afazeres domésticos.

Desse modo, quando mulheres estão à frente de negócios, a tendência é que haja uma mudança em toda a dinâmica social. Isto é, a liderança feminina dá mais visibilidade para as questões de gênero dentro do ambiente empresarial, além de, normalmente, impulsionar outras mulheres em suas carreiras.

Quando Michelle decidiu deixar seu emprego de carteira assinada para se dedicar às suas encomendas de taças da felicidade, foi um salto em direção à autonomia e à responsabilidade de trabalhar para si. Quando ela, a um enorme custo pessoal, afastou-se dos filhos para novamente empreender, também. Entretanto, ela o fez por causa do peso da responsabilidade de manter os filhos praticamente sozinha. É o trançado do sonho com a falta de opção.

Em janeiro de 2021, Michelle sentiu esse laço apertar mais uma vez.

"Pra quem ganhava quase R$ 2.500 por mês, mais as minhas vendas, perdi tudo."

E nunca teve medo de recomeçar. Colocou uma banquinha na frente de casa para vender cones trufados, quiches de banana caramelizada e doces no geral. E, novamente, decidiu. "Chega! Cansei de procurar trabalho fora, vou investir no meu sonho."

CAPÍTULO

08

A RECEITA DE UM SONHO

A culinária esteve presente na vida de Michelle desde muito jovem, aos oito anos, quando ela fez o guisado de frango para os irmãos sob as parcas instruções da mãe. Na sua primeira experiência profissional dentro de um *buffet*, aprendeu muitas coisas técnicas sobre ingredientes, temperos, utensílios e o funcionamento de uma cozinha. E tudo isso, sem dúvida, foi muito importante para o seu crescimento e para a sua carreira.

Mas um bom *chef* sabe que cozinhar vai muito além de conhecimentos teóricos. Um excelente *chef* de cozinha, alguém que realmente encara a culinária como sua missão de vida, parte do princípio que cozinhar é alimentar, nutrir outra pessoa, em suma, um ato de amor. Assim, seu conhecimento abrange as teorias, as normas e toda a tecnicidade obrigatórias a qualquer profissão séria, mas também abraça com respeito as vivências pessoais, as referências subjetivas. Isso quer dizer, por exemplo, valorizar a comida que é feita em casa, pelos pais, avós, ancestrais. Compreendendo que culinária é também uma marca cultural, uma forma de expressão, uma manifestação de arte.

Michelle cresceu com referências de sabores diversos. Amazonense, logo aprendeu a gostar de peixe. Tambaqui, jaraqui, pacu, tucunaré, matrinxã, seja cozido, assado ou frito, é sua comida favorita até hoje. "Provou jaraqui, não sai mais daqui", diz o ditado.

A culinária da região Norte é extremamente rica no que diz respeito ao consumo dos peixes. Manaus, situada na margem esquerda do sétimo rio em volume de água do mundo inteiro, casa de mais de duas mil espécies de peixes, não poderia ser de outra forma. Historicamente, esse foi um costume herdado dos povos indígenas, verdadeiros donos dessas terras. De igual modo, a culinária foi se moldando em uma miscigenação, assim como é em boa parte do Brasil. Com influências dos hábitos indígenas, mas também com a interferência do colonizador europeu, a presença dos africanos e depois com toques dos migrantes nordestinos.

Além dos peixes, é muito popular o consumo de frutas amazônicas praticamente desconhecidas em outras regiões do país. Entre as mais conhecidas, pode-se citar o tucumã, um caroço de cor escura recoberto por uma "carne" alaranjada que recheia (junto com a banana pacovã e o queijo coalho) um dos lanches mais conhecidos de Manaus, o x-caboquinho.

“Coragem é meu sobrenome.”

Há ainda o cupuaçu, fruta de sabor ácido que cai muito bem em mousses e sucos. Dizem que um copo de "cupu" bem gelado restaura a alma do amazonense em uns 80%.

Então, Michelle cresceu rodeada pela opulência gastronômica da culinária amazônica. Mas acontece que seu pai era do Nordeste e a família dela fazia viagens regulares para Fortaleza. De modo que herdou, da mãe, o lado manauara dos peixes de rio, frutas e farinha d'Uarini e, do pai, os frutos do mar, a buchada de bode e a rapadura. Ela provou do rio, mas também do mar.

Chegando na cidade natal do pai, faziam a festa comendo caranguejo, ostras, lagostas e tudo o mais que ele trouxesse. Ela não esquece as muitas refeições que compartilharam na casinha da Estrada da Ponta Negra, três curumins e uma cunhantã sentados em fila no chão da cozinha sendo servidos pelo pai, e um dos pratos preferidos dessa época era o capitão. Tratava-se de uma espécie de bolinho feito de feijão amassado e farinha de mandioca originado no sertão, servido como último recurso contra a fome que vinha com a seca. Por todo esse contexto, para Michelle, a comida representa, principalmente, afeto e era isso que ela queria que estivesse refletido em sua empresa.

Lá em 2017, desde o dia em que ela idealizou a logo, comprou as camisetas rosas e mandou personalizar as garrafinhas, a "ML Kitutes e Delícias" meio que se materializou. Se não na sua frente, certamente em seu coração. Foi exatamente como se apaixonar. Acordar e dormir pensando na mesma coisa, fazer planos de passar o resto da vida fazendo aquilo e suar de nervoso com a perspectiva do momento em que tudo aconteceria. Ela queria um lugar onde pudesse cozinhar os mais diversos tipos de comida, atender as pessoas com carinho, montar uma equipe que fosse respeitada e recebesse um salário justo.

Quatro anos depois, em 2021, aconteceu o primeiro passo nessa direção, que foi procurar um ponto comercial onde pudesse abrir a sua empresa. Lembrou que a loja de materiais de construção que a sobrinha trabalhava tinha um ponto vago para alugar há alguns meses e pediu que ela fosse conferir se ainda estava disponível.

Não demorou até ela voltar com a resposta de que sim, estava, e Michelle foi até lá conversar com a gerente do local. Preparou um prato de degustação, levou até ela e foi tão bem aprovado que, além de Michelle conseguir alugar esse espaço para retomar as atividades da "ML Kitutes e Delícias"[1], ainda recebeu permissão para que ela trabalhasse o primeiro mês de graça.

A única coisa que ela tinha além da coragem, sua experiência e vontade de crescer, eram as panelas da sua casa. Organizou tudo, começou a pensar nos pratos que serviria ali e até o fogão e a geladeira mandou para o espaço.

Logo que começou, apareciam uma ou duas pessoas para almoçar, mas depois começaram a surgir muitos clientes, inclusive contratos para fornecer refeições semanais para os funcionários de empresas vizinhas. No início, era bem difícil equilibrar as contas, todo o dinheiro foi redirecionado para investir na empresa. Michelle servia carnes nobres no trabalho e comia empanado e ovo com os filhos em casa. Mas ver o freezer do seu próprio restaurante cheio de comida foi uma completa emoção. Passou a preparar, entre outros pratos, estrogonofe, carne assada de panela, sobremesas, massas e, claro, caldeirada de tambaqui aos sábados. Contratou quatro excelentes funcionários, os quais faz questão de citar os nomes: Débora Santos, Daniel Andrade, Huan Santos e Hélio Cardoso.

Michelle passou a acordar todos os dias às 4h da manhã e fazia isso com gosto, como ela diz. Visualizava-se atendendo eventos de grandes empresas, expandindo o cardápio e o quadro de funcionários. Finalmente estava trabalhando no seu sonho, que virou meta e depois realidade.

Apenas alguns meses depois de que tudo aconteceu, deparou-se com uma oportunidade que impulsionaria ainda mais o seu negócio. Era a chamada de um projeto que convidava mulheres empreendedoras de Manaus para contarem suas histórias através de um vídeo e, se selecionadas, ganhariam uma biografia.

"Coragem é meu sobrenome", ela entregou o celular na mão do funcionário Daniel, sentou-se em uma cadeira de balanço e, pra lá e pra cá, a grande mulher narrou cada momento importante que viveu até ali.

---

[1] Após a consultoria oferecida pelo Projeto Biografias Colaborativas, a empresa passou a se chamar "Michelle Leite – Amazônico Buffet".

CAPÍTULO

09

ESCOLHIDA

Há um texto bíblico no livro de Samuel que conta a história de Davi, o homem que seria, por muito tempo, rei de Israel. Mesmo para as pessoas que não são cristãs, é bastante conhecido o trecho da sua vida em que ele enfrentou um gigante com apenas uma funda e algumas pedrinhas. É frequentemente usado como metáfora para incentivar a coragem e a ousadia frente aos problemas da vida.

Um pouco menos conhecida é a forma como Davi foi escolhido. Conta a narrativa que Deus se dirigiu ao profeta Samuel ordenando que ele fosse até a casa de um homem chamado Jessé, para consagrar rei um de seus oito filhos. Seguindo as instruções, Samuel encheu um chifre com o melhor azeite e viajou para Belém. Chegando lá, Jessé o recebeu temeroso e honrado, perguntando-lhe se o motivo da visita era bom ou ruim. O profeta respondeu que estava ali em paz e que deveriam se preparar para o sacrifício de um cordeiro.

Assim que deram início ao ritual, Samuel avistou Eliabe, o filho primogênito de Jessé. Percebendo o porte físico do rapaz, pensou que, com certeza, aquele seria o escolhido. No entanto, Deus lhe falou para não se impressionar com a aparência, porque ainda não era aquele. Também essa foi a resposta para os outros seis filhos apresentados um após o outro, até que Samuel perguntou: "Você não tem mais nenhum outro filho?" e Jessé respondeu que apenas o caçula, que ele sequer tinha chamado para a reunião, estava no campo apascentando as ovelhas. Samuel, então, pediu que ele fosse chamado, pois só se assentariam à mesa após a chegada de Davi.

Quando Davi chegou, muito bonito, mas também muito jovem, Deus disse "Levanta-te e unge-o: é ele." Entornando o azeite do chifre sobre a cabeça dele, consagrou-o, bem ali na frente de seu pai e os sete irmãos, futuro rei de Israel.

Durante muito tempo em sua vida, Michelle se sentiu como Davi nessa história. A última entre os irmãos, desconsiderada por todos como alguém que um dia teria sucesso. E sendo a sua fé um dos pilares mais importantes da sua personalidade, cita repetidas vezes em seu discurso essa narrativa bíblica.

Mas, longe de se enxergar em uma posição de inferioridade, Michelle acredita que possui tudo o que é necessário para realizar seus sonhos, derrubar seus próprios gigantes. Quando soube da segunda edição do Projeto Biografias Colaborativas, animou-se frente à possibilidade de alavancar seu empreendimento. Agora à frente de um negócio, passou a vivenciar toda a responsabilidade de gerir uma empresa. Percebeu o quanto seria diferente de todas as experiências que havia acumulado ao longo do tempo em que trabalhou para outras pessoas.

Decidiu gravar o vídeo para submeter à seleção mesmo com alguma insegurança, com o medo de não ser selecionada. Quem era ela em Manaus? Quem é a Michelle entre as ovelhas malhadas? Perguntava-se repetidamente.

Lembrou-se, então, de uma lição basilar aprendida em todos os anos que passou na cozinha: o que não tem, não precisa. Isso quer dizer que você não pode parar, desistir ou se desesperar se os recursos que estão à mão são escassos. Você precisa aprender a fazer o melhor que pode com as coisas que tem.

Ela gravou cerca de cinco vídeos para enviar à seleção do Biografias até dar certo. A internet não funcionava, o arquivo não enviava, tudo parecia querer conspirar contra ela. Quando finalmente conseguiu, conectou-se à sua fé na certeza de que todas as coisas cooperariam para o seu bem.

Poucas semanas depois, enquanto trabalhava em um prato, o celular tocou. Quando olhou o visor, percebeu que era uma ligação do Rio de Janeiro e quase não atendeu. "Só pode ser cobrança, não conheço ninguém pra essas bandas!"

Do outro lado da linha era a voz de outra mulher, dizia suavemente o que ela tanto esperou ouvir: havia sido escolhida.

CAPÍTULO

10

O CAPÍTULO DE AREIA

[...] Pediu-me que procurasse a primeira folha.
Apoiei a mão esquerda sobre a portada e abri com o polegar quase grudado ao índice. Tudo foi inútil: sempre se interpunham várias folhas entre a portada e a mão. Era como se brotassem do livro.
– Agora procure a final.
Também fracassei; mal consegui balbuciar com uma voz que não era a minha:
– Isto não pode ser.
Sempre em voz baixa, o vendedor de bíblias disse:
– Não pode ser, mas é. O número de páginas deste livro é exatamente infinito. Nenhuma é a primeira: nenhuma, a última. (Jorge Luis Borges, no conto "O livro de areia")

O começo ou o fim deste livro obviamente não correspondem ao começo e ao fim da vida de Michelle. Essa intensa mulher já estava plenamente vivendo sua história antes que a primeira linha dele fosse escrita e, ainda bem, continuará a viver depois do ponto final. De igual modo, tudo o que foi narrado nestas páginas não abarca, e jamais poderia fazê-lo, os motivos, os choros, os sucessos, enfim, todos os detalhes do maravilhoso mosaico de seus dias, dos que se sabe e os que estão segredados pelo tempo, no futuro.

A vida não parou para que o texto fosse escrito, pelo contrário, aparentemente tratou de explodir em um turbilhão de acontecimentos como que para mostrar que ficcionalizar a realidade – na medida que seja, mesmo com toda a veracidade exigida por um texto biográfico – é como tentar prender a areia de todo um deserto dentro de dois punhos furiosamente cerrados. Quanto mais você tenta, mais te escapa.

Durante os meses em que Michelle esteve envolvida no Projeto Biografias Colaborativas, muito aconteceu. Tanto na sua vida pessoal, quanto na empresa. No que diz respeito ao Projeto, Michelle teve a oportunidade de aprender muito sobre gerenciamento e toda uma nova visão foi estabelecida sobre a "ML Kitutes e Delícias" que, inclusive, passou a se chamar "Michelle Leite – Amazônico Buffet".

Um nome forte, para o negócio de uma mulher forte.

Assim como o nome, a identidade visual também passou por alterações. A cor rosa bebê e os babados circulares deram lugar a um cocar indígena centralizado em fundo preto que, segundo Michelle, descrevem a ela e a sua empresa muito melhor. Ela aprendeu a precificar, gerenciar, planejar, entre muitos outros pontos. Entendeu que, embora o *buffet* seja um sonho tão querido, era necessário um olhar profissional para as finanças, separando a pessoa física da jurídica.

Todo o amadurecimento empresarial obtido com a consultoria do Projeto fez com que Michelle percebesse que no ponto alugado em que estava, dentro da loja de material de construções, as refeições precisavam ser vendidas por um preço que prejudicava a margem de lucro, de modo a estagnar o seu negócio. Era como pagar para trabalhar.

A partir dessa compressão, assim como o surgimento de diversas outras necessidades, ela entendeu que precisava redirecionar o modo como tocava a empresa. Não sem um punhado de tristeza, entregou o espaço alugado aos donos, retirou todos os equipamentos e se despediu dos seus funcionários. Importante frisar que, sob a perspectiva fria de quem não sonhou como ela sonhou, recuar dessa maneira não passa de um dos muitos estágios da história de uma empresa. Mas, de dentro, na pele de Michelle, foi como se tivesse aberto mão de algo pelo que tinha trabalhado arduamente.

Apesar disso, a "Michelle Leite – Amazônico Buffet" se prepara para voltar ainda mais forte. Passou a atender em delivery através de plataformas digitais que só cresceram com as restrições de circulação impostas pelo cenário pandêmico. Atendendo eventos particulares e nos moldes do "Chef em Casa", Michelle trabalha no intuito de ampliar cada vez mais o alcance digital da empresa para continuar a fazer o que ama.

Quando o último grão de areia chega ao fundo da ampulheta, é chegada a hora de virá-la novamente. Para além destas páginas, Michelle Farias Leite segue firme na certeza de que os muitos outros capítulos de sua vida serão forjados da maneira que já lhe é bem conhecida: no impulso da fé e na implacabilidade do fogo.

Você ajudou a escrever este novo capítulo da vida da Michelle ao comprar este livro.

Quer saber o que aconteceu?

Acompanhe pelo site:
https://biografiascolaborativas.com.br/biografia/michelle/capitulo-final